ILS ARRIVENT DANS **1** HEURE !

Andrée Zana Murat

ILS ARRIVENT DANS 1 HEURE !

Dîners vite faits pour grands effets

300 recettes

Albin Michel

Ouvrage publié sous la direction de Laure Paoli

© Éditions Albin Michel S.A., 2000
22, rue Huyghens - 75014 Paris

www.albin-michel.fr

ISBN : 2-226-11660-5

À toutes mes copines.
Elles ont inspiré et nourri ce livre.

À la famille Zana-Murat-Prince-Flouest-Masliah-Meunier-Nebbot-Saada-Sarfati-Uzan
qui me soutient quoi qu'il arrive.

Où il est question de temps

Nous avons toujours à l'esprit ce qui n'est jamais évalué dans les livres de cuisine et les magazines spécialisés. Faire la cuisine, ce n'est pas juste « préparer » et « cuire ». Ranger les courses quand on rentre à la maison. Sortir les ustensiles, les ingrédients, réserver les bonnes quantités, les ranger à nouveau quand c'est fini, se tromper, recommencer. Jeter papiers et épluchures, passer un coup d'éponge sur le plan de travail entre chaque manipulation.
Pas question de se mettre dans tous ses états, l'œil rivé sur l'horloge avec le compte à rebours dans la tête. On le redit, pas question de tout faire. D'abord un plat si c'est la première fois. La prochaine fois on tentera l'entrée ou le dessert. Et si vous avez envie de recommencer, c'est que nous aurons gagné.

Ce pictogramme indique le temps qui nous occupe. Car au fond c'est cela qui compte et qui se compte. Il y a temps et temps. Celui qui laisse tranquille et qui permet de faire autre chose et celui qui demande toute votre attention. Quand une préparation est simultanée à une cuisson, nous le précisons au-dessus de la liste des ingrédients.

35'
IDÉE MENU

Les temps indiqués dans les propositions d'IDÉE MENU ne sont pas les mêmes que ceux qui apparaissent dans les recettes au titre de Préparation ou Cuisson. Il s'agit là du temps que prend réellement : la préparation + la part du temps de cuisson qui demande votre attention.

Sommaire

Les recettes en italiques sont des variations de la précédente.

Préface

Il s'agit avec ce livre de répondre à la question obsédante du temps. Que n'entend-on dire : pour cuisiner il faut avoir du temps, entre le travail, les enfants, les courses, la maison, organiser un dîner est impensable, stressant... pas assez de temps !

Mais le temps, c'est souvent la bonne excuse. Manque de temps, certes, mais surtout manque de savoir-faire. Nous abordons la troisième génération des hommes et femmes pressés.

Autrefois, on apprenait à force d'avoir vu faire sa grand-mère, sa tante, sa mère, sa nounou... Un patrimoine irremplaçable de gestes, d'odeurs, de saveurs, d'atmosphères. Autres temps, autres mœurs.

Alors comment apprendre si on n'a rien vu, rien senti ?

Et pourtant, l'envie revient. Raisons économiques ? Plutôt un sens de la convivialité retrouvé.

De plus en plus de jeunes se lancent, les dîners entre copains refleurissent. Sans bluff ni chichi mais avec la préoccupation de ce que l'on découvrira dans son assiette. Une cuisine de qualité, sans trop de complications, ni dans le temps ni dans la manière.

Pas de rapprochements de saveurs improbables, pas de goûts incongrus pour faire inventif. Laissons ça aux professionnels, les meilleurs. N'est pas créatif qui veut. Ici rien que du vrai, du sincère, du presque brut. Du facile et pas cher. Avec des produits de bonne qualité, cuisinés simplement et rapidement. Animés du seul souci des saveurs dans une assiette généreuse. Avec un faible pour les produits ensoleillés, origines méditerranéennes obligent. Une Méditerranée ouverte à toutes les influences. Il paraît que c'est furieusement tendance. Tant mieux, tant pis, ce n'était pas franchement le but. C'est dire qu'on préférera l'huile d'olive à la cuisson au beurre ou à la crème, les obsédés de diététique nous remercieront.

Et vive le plaisir et la volupté.

L'esprit

Les enfants débarquent avec copains et copines. Prévoir à l'avance, ils n'aiment pas. Il paraît que ça fait « formel ». Ou encore, le dîner a été décidé dans la journée. Trouver une date pour réunir les duchmols machins avec les untels, c'est l'enfer. Entre déplacements, week-end, panne de baby-sitter... on n'y arrivera jamais. Un coup de fil... ils sont tous libres... ce soir. Qu'à cela ne tienne...

Il s'agira donc d'un dîner informel, « à la bonne franquette », entre copains bienheureux d'être invités et donc prêts à toutes les indulgences. Personne ne vous attendra au tournant, certains proposeront même de s'occuper du vin ou du dessert.

La règle du jeu

Préparer un dîner en 1 heure et faire au moins une chose soi-même. Pas question d'acheter du tout prêt, mais impossible de préparer en 1 heure, une entrée, un plat et un dessert. Encore que !

Tout est dans l'organisation. L'organisation du temps bien sûr mais aussi de vos placards, frigo, congélateur et cave (Ah ! le petit graves rouge qui va avec tout et qu'on sert dès l'apéritif). Invités ou pas, veiller à ce qu'il y ait toujours à la maison, un fonds de produits (frais, longue conservation, conserves, surgelés... certains, pas tous) permettant d'improviser un repas même si l'on n'a pas eu le temps de faire des courses.

Les courses, elles, sont réduites au minimum indispensable. Dès aujourd'hui, notez à la page des numéros utiles de votre carnet ceux de vos commerçants préférés. Et ce jour-là, on aura pris soin de téléphoner assez tôt au boucher ou au poissonnier qui se fera un plaisir de parer un rôti, de lever des filets de sole, à condition de le demander gentiment. Pas question d'être nombreux, trop compliqué. La soirée n'en sera que plus intime.

La plupart des recettes sont prévues pour 6 personnes.

On oublie les plats qui mijotent lentement, ceux qui prévoient des temps de marinade, ceux qui se préparent à l'avance, les desserts ou les terrines qui doivent prendre des heures au réfrigérateur, d'autres livres s'y consacrent.

On s'attachera donc surtout à favoriser les plats dont la préparation est courte. La cuisson, peut à la rigueur durer un peu plus longtemps dans la mesure seulement où elle ne demande pas toutes les attentions. On favorisera les produits dont les temps de cuisson sont courts et que l'on pourra accommoder de diverses façons. Exemple : blancs de poulet en lamelles, filets de poisson entiers ou émincés, ou encore autour du riz, de pâtes ou d'une purée maison... Si l'on sait s'organiser, pendant ce temps, on peut préparer autre chose, ranger au fur et à mesure, dresser une jolie table ou prendre 5 minutes pour souffler.

Avec chaque plat principal, on donnera une suggestion d'accompagnement (IDÉE MENU). Les temps seront additionnés pour ne pas dépasser 1 heure. Les astuces et conseils d'organisation seront mis en lumière (un dessert sera préparé dans l'heure prévue mais pourra cuire au four pendant le dîner, surtout s'il se déguste tiède...). Dans la mesure du possible, on indiquera le petit « truc » pour sortir de l'ordinaire et épater ses invités...

Et tant pis pour les grincheux, les pourfendeurs de la modernité, les antisurgelés et autres produits ou ustensiles que nous utilisons tous et qui nous sauvent la vie. On peut faire de la bonne cuisine en les intégrant. Mais attention, pas tous et pas tout le temps.

Il faut signaler que les râleurs de tout poil ont toujours existé. Il paraît même que l'arrivée de l'électricité, de la cuisinière et du réfrigérateur ont connu des croisades d'irréductibles opposants.

Il va sans dire que nous aussi, dans l'idéal, nous préférerons toujours un produit frais et de saison à un aliment surgelé. Mais rien n'empêche ceux qui disposeraient de plus de temps de remplacer les tomates pelées en conserve par de la tomate fraîche, une poignée d'oignon émincé surgelé par un oignon frais... Mais là n'est pas l'objet de ce livre.

En revanche, faut-il le rappeler, tous les produits utilisés (pâtes, huiles, vinaigres...) seront de première qualité, surtout les produits cuits nature (légumes, fruits, viandes, poissons...).

Toutes les recettes feront appel aux ingrédients les plus rapides à cuisiner, ceux qui font économiser les temps d'épluchage, de vaisselle. À quelques exceptions près, nous excluons *a priori* les préparations, type sauces de salades ou purées déjà assaisonnées. L'assaisonnement, c'est l'affaire de celle ou de celui qui cuisine.

Mais, nous direz-vous, il s'agit là d'un scénario limite, assez improbable. Alors, tout un livre pour un cas de figure rarissime ? En y regardant de près, si l'on exclut les dîners formels prévus longtemps à l'avance, cette situation est en fait la plus courante. C'est tous les jours ou presque que nous sommes des milliers à nous demander ce que nous allons encore faire à dîner, qui soit facile, rapide et qui change un peu. Une étude récente montre que 8 dîners sur 10 se prennent à la maison puisqu'en général, on déjeune hors de chez soi, près de ou sur son lieu de travail.

Alors chiche, essayez dès ce soir, puis demain et les jours suivant. Ainsi vous deviendrez les rois et les reines des dîners improvisés.

Andrée Zana Murat

Les réserves

Dans les placards, frigo, congélateur... Tout dépend de la façon dont on cuisine et de la place dont on dispose. Pour une fois, nous avons choisi d'être sélectif, pas exhaustif. Cette liste vient naturellement compléter les produits de base indispensables, type sel, poivre, farine, huiles, vinaigres, sucres...

On aime
Ce sont nos chouchous, on les a testés et adoptés. Ils nous sauvent la vie.

◆ Épicerie
– Anchois, sardines, thon (au naturel et à l'huile).
– Assaisonnement pour guacamole, en sachet.
– Béchamel en brique « Bénédicta ».
– Bouillon en cubes (surtout de volaille), fumet de poissons.
– Chocolat noir.
– Condiments (agrémenter une viande froide, tartiner viande ou volaille en papillote) : chutney, citrons confits, purée de citrons confits au gingembre, tapenade, pâte de curry, cornichons, moutardes...
– Couscous rapide, boulgour concassé précuit, polenta précuite.
– Crème anglaise en brique « Gault et Millau et Bridélice ».
– Épices et herbes (votre assortiment), bouquet garni et court-bouillon en sachets de gaze.
– Fruits secs : cacahuètes, amandes, pistaches, noix de cajou, noisettes grillées à sec. Amandes en poudre, noix de coco râpée. Pruneaux déjà dénoyautés, raisins, pignons, sésame, cerneaux de noix. Zestes d'orange confits.
– Galettes sucrées à l'huile d'olive. Crackers à l'huile d'olive et origan ou complets au sésame.
– Lait de coco.
– Miel liquide (d'acacia), sirop d'érable.
– Olives vertes et noires déjà dénoyautées.
– Pâtes sèches : fusilli, penne, spaghetti, tagliatelle.

– Préparations sucrées, dans les épiceries fines ou les supermarchés : lemon et orange curd (crème beurre-citron ou orange à tartiner sur une pâte à tarte cuite). Petits babas au rhum en bocal de verre.
– Riz basmati, riz « arborio » pour risotto.
– Tomates pelées, en coulis, séchées. Tomate concentrée en tube (permet d'utiliser juste ce qu'il faut sans jeter le surplus).

♦ Rayon frais
– Blancs de poireaux nettoyés, en barquette.
– Champignons frais déjà émincés, en barquette.
– Crème liquide longue conservation.
– Feuilles de bricks.
– Fromages (comté, parmesan).
– Haricots verts éboutés, à condition d'être très frais.
– Lardons découennés vendus en barquettes de 100 g.
– Légumes râpés, seuls ou mélangés en sachet, pour salades composées et wok.
– Lentilles cuites nature sous vide, en barquette.
– Mâche, nettoyée, en barquette.
– Œufs.
– Pâtes : feuilletée, sablée, brisée, pré-étalée « pur beurre » (Picard surgelés, Patrick Raulet).
– Salades en sachet, quand on ne peut pas faire autrement. Attention aux dates, et fuir les sachets gonflés et couverts de buée.

♦ Rayon surgelés
– Ail coupé (quand on ne peut pas faire autrement).
– Blancs de poulet. C'est l'aliment de base des dîners improvisés. En stocker dans son congélateur. On les émince encore surgelés. On peut tout faire, soupes chinoises, tajines, curry, plat complet au wok, blanquette revisitée...
– Épinards nature en branches et hachés.
– Fruits rouges entiers ou brisés pour coulis.
– Glaces et sorbets « François Théron » (Picard surgelés).
– Herbes (seulement pour farces ou boulettes).
– Légumes en rondelles surgelés. En avoir un petit assortiment, pour les jours où l'on a juste besoin d'une petite poignée de chaque (poireaux, courgettes, poivrons en dés...).

- Oignons émincés et en cubes, échalotes coupées.
- Petits pois extra-fins ou bio.
- Purées de légumes nature surgelés, pour soupes, gratins et purées.
- Ravioles du Royans.

On n'aime pas

- Tout ce qui est déjà assaisonné ou cuisiné : vinaigrettes et sauces pour salade, riz et couscous parfumés, purées assaisonnées.
- Beurres allégés, mieux vaut cuisiner moins gras, réduire le beurre ou le remplacer par 1 larme d'huile.
- Blé précuit. De consistance caoutchouteuse, il a perdu le goût du blé.
- Épices mélangées type « ras el hanout » dont la composition ne figure pas sur l'emballage sous prétexte de secret trop bien gardé.
- Gruyère et parmesan déjà râpés.
- Haricots verts surgelés. Ils restent gorgés d'eau, jamais croquants…
- Harissa en boîte mélangée à du concentré de tomate et à de mystérieuses épices. L'acheter en bocal de verre ou la remplacer par de la purée de piments au rayon chinois.
- Jambon blanc en tranches et autres charcuteries sous plastique.
- Légumes cuits nature sous vide. À part les lentilles, ils sont trop cuits, gorgés d'eau et sans saveur.
- Légumes en conserve. Sauf les tomates pelées et les pois chiches en boîtes. Et les haricots blancs, flageolets et marrons en bocaux. Pour le reste, préférer les surgelés.
- Poissons ou crustacés surgelés. Il faut les décongeler et les égoutter à fond avant de les cuisiner pour un résultat assez médiocre. Alors, autant les acheter frais.
- Purée de pommes de terre en flocons.

Faites le plein d'exotisme !

Partout en France, il existe des rayons exotiques dans les grandes surfaces. Parfois même une épicerie voire un quartier chinois. En général, les produits sont authentiques, très frais et bon marché. Profitez-en pour faire le plein et en surgeler certains.

Soja, nuoc-mâm, huile de sésame, présentés en grandes bouteilles se gardent longtemps. Et, puisqu'on y est, investir dans quelques bols et paniers, rice-cooker et wok... C'est joli, pas cher et sympathique.

– Ail et oignons frits, pour assaisonner une salade, un plat de riz ou de pâtes.
– Bouillon (pho) en cubes pour les soupes chinoises et vietnamiennes.
– Champignons noirs séchés, pour salades et soupes.
– Desserts : caramels chinois, caramels durs au sésame, gingembre et kumquats confits, tranches de coco séchées et sucrées...
– Épices : 5-épices, tamarin, curry...
– Fruits exotiques de saison.
– Gingembre frais.
– Herbes fraîches : basilic chinois, citronnelle, coriandre.
– Lait et crème de coco.
– Litchis en boîte.
– Nems, à garder au congélateur.
– Nouilles et vermicelles chinois pour soupes et wok.
– Raviolis aux crevettes pour étoffer un bouillon, à garder au congélateur.
– Saucisses chinoises, surtout si elles sont à la citronnelle, à garder au congélateur.

Un temps pour tout

Tout au long de la préparation de ce livre, nous avons testé, essayé, fait et refait en mesurant, pesant, chronométrant...

Nous avons noté pour vous quelques-unes de ces données. Temps et durées que la plupart des livres ne mentionnent jamais.

Il y a temps et temps. Les à peu près immuables, il faudra toujours de 10 à 15 min pour préchauffer un four et les relatifs, ceux qui dépendent de votre expérience, de votre nature, de vos ustensiles, de la place dont vous disposez. Certains sont moins longs qu'il n'y paraît.

Beurre   **20 et 40 s**

Fondre, ramollir

20 s au micro-ondes, position maximum, pour ramollir 200 g de beurre préalablement coupé en lamelles.

40 s au micro-ondes, position maximum, pour faire fondre 200 g de beurre préalablement coupé en lamelles.

Blancs   **2 min**

En neige

2 min pour monter 6 blancs en neige.

Chocolat   **2 min**

Fondre

2 min au micro-ondes, position minimum, pour fondre 200 g de chocolat avec 2 cuil. à soupe d'eau.

Eau   **12 min**

Faire bouillir de l'eau

Compter 12 min pour faire bouillir 6 litres d'eau versée chaude. De quoi plonger une bonne quantité de pâtes pour 6 personnes.

Four   **10 et 15 min**

Préchauffer le four

Selon la température choisie, attendre entre 10 et 15 min.

Lard   30 s

Griller des tranches fines de lard 30 s au four à micro-ondes sur position maximum pour rendre croustillantes tranches fines de lard, coppa ou pancetta.

Mayonnaise   7 min

7 min pour tourner un bon bol de mayonnaise avec 1 œuf.

Œufs   Coque : 3 à 4 min   Mollets : 5 à 6 min   Durs : 10 min

Cuire des œufs

Les œufs sont délicatement posés dans de l'eau bouillante, attendre la reprise de l'ébullition.

Oignons surgelés   6 à 10 min

Faire revenir 300 g d'oignons surgelés 6 à 7 min pour qu'ils décongèlent, que l'eau s'évapore et avant qu'ils se colorent. 10 min pour qu'ils soient dorés.

Pommes de terre   6 min + 15 à 20 min

Éplucher, cuire

6 min pour éplucher 1,5 kg de pommes de terre.

15 à 20 min à l'eau ou à la vapeur. Les choisir de taille moyenne ou couper les plus grosses en deux.

Purée surgelée   15 min

15 min pour décongeler 1,2 kg de purée de légumes nature surgelée. Penser à remuer à mi-parcours.

Salade   5 à 6 min

Laver une belle salade

5 à 6 min pour 300 g de salade.

Vinaigrette   30 s

30 s pour faire de quoi assaisonner une salade pour 6 personnes.

Nos menus

Pour vous faire gagner du temps, voici quelques suggestions de menus tenant compte des saisons, des envies, des circonstances (chic, sans façons…), des contraintes (quelques kilos à perdre). Ne vous sentez surtout pas obligés de tout faire. Entrée et plat ou plat et dessert, c'est déjà pas mal. Mais en moins d'1 heure, on peut même tenter le menu complet.

AUTOMNE

Trucs apéro	Lapin à la moutarde – Épinards – Riz	Fruits en papillote
Salade verte aux herbes	Pâtes aux poireaux et au cheddar	Clafoutis aux raisins
Brocolis au parmesan	Daurade rôtie – Fondue d'oignons	Fondant de Marie
Trucs apéro	Magrets aux mirabelles – Salade – Reblochon	Brownies de Véro

HIVER

Salade betteraves aux pommes	Quenelles – Salade verte aux herbes – Fromage	Sorbets
Bouillon aux ravioles	Filet mignon de porc – Purée de céleri	Compote mixte aux épices
Salade au magret	Ailes de raie – Pommes vapeur	Cheesecake
Velouté aux pois cassés	Boudin aux 2 pommes	Glaces

PRINTEMPS

Champignons crus au citron	Crevettes sautées à l'ail	Clafoutis aux cerises
Tomates farcies au chèvre	Poulet à l'estragon – Riz pilaf	Glaces
Salade d'épinards aux noisettes	Maquereaux pochés au vin blanc – Pommes de terre au four	Salade de mangues
Asperges vertes	Coquelets rôtis – Grenailles à l'ail	Salade de fraises

ÉTÉ

Céviche	Linguine sauce crue – Salade – Chèvres	Compote de pêches et d'abricots
Salade aux 2 tomates	Râble de lapin à la sauge – Polenta	Îles blanches de Danièle
Trucs apéro	Canetons aux pêches – 3 riz – Salade – Chèvres	Glaces
Salade de pois chiches au céleri	Poisson poché au concassé – Courgettes à l'ail	Crumble aux fruits rouges

FÊTE CHIC

Foie gras minute	Saint-Jacques à la nage – Fondue d'endives	Diplomate
Velouté de potiron à la truffe	Carré d'agneau – Fondue de fenouil	Panacotta
Tartine aux truffes de Bruno	Bar rôti – Riz	Gâteau à la noix de coco
Tarte aux poires et à la fourme	Langoustines au court bouillon – Tagliatelle de légumes	Glaces

TRADITIONNEL

Aïgo bouïdo	Poulet sauce poulette – Riz	Compote de fruits de saison
Salade au magret	Filet de bœuf rôti – Purée de pommes de terre	Sorbets
Trucs apéro	Confit de canard – Pommes sarladaises – Salade	Glaces
Salade au chèvre chaud	Entrecôte poêlée – Gratin de légumes	Gâteau aux pommes d'Erwan

ENTRE COPAINS – ENFANTS – DU DIMANCHE – SANS FAÇONS

Velouté de légume	Tarte salée – Salade – Fromages de saison	Compote ou fruits poêlés
Velouté de légume	Omelette – Salade – Fromages de saison	Gâteau au chocolat
Salade avocats, tomates, oignons	Brick à l'œuf – Salade	Flognarde aux fruits de saison
Trucs apéro	Tartiflette – Salade	Glaces
Trucs apéro	Pâtes – Jambon cru ou fromages – Salade	Glaces
Soupe à l'oignon	Salade aux herbes – Fromages de saison	Clafoutis ou flognarde
Trucs apéro	Paupiettes d'Anne-Marie – Fondue de poireaux	Crumble aux fruits de saison
Salade verte aux herbes	Pommes de terre vapeur – Vacherin	Belphégor
Salade de pommes de terre	Saumon fumé/saucisson de Lyon – Salade – Fromage	Flognarde aux fruits de saison
Salade de lentilles aux Saint-Jacques	Salade – Vacherin	Amandine aux poires
Tunafish salad	Salade – Saint-marcellin	Cheesecake, coulis de fruit rouge
Trucs apéro	Épinards, œufs pochés – Fromages	Tarte aux pommes

PLAT UNIQUE

Trucs apéro	Parmentier au boudin ou au confit de canard – Salade	Fromage blanc au miel
Trucs apéro	Aïoli de crevettes – Salade – Chèvres	Amandine aux abricots
Trucs apéro	Bœuf à la ficelle – Salade – Vacherin	Flognarde aux poires
Trucs apéro	Poulet, légumes, sésame au wok avec nouilles	Salade d'agrumes

TOUT CRU

Crudités émincées, parmesan	Tartare poisson ou bœuf – Salade aux herbes	Salade de fruits de saison
Crudités émincées, parmesan	Carpaccio poisson ou bœuf – Salade aux herbes	Fromage blanc au miel
Salade haricots verts, artichauts, jambon	Thon cru au soja et sésame – Salade aux herbes	Glaces

DE LA MER

Céviche	Poisson en papillote – Fondue de poivrons	Compote de fruits de saison
Thon cru au soja et sésame	Daurade aux citrons confits – Fondue de fenouil	Îles blanches de Danièle
Salade saumon, haddock ou St-Jacques	Thon poêlé – Aubergines à l'ail	Salade de fruits de saison

MINCEUR

Fromage blanc aux herbes	Ailes de raie – Épinards	
Champignons crus au citron	Bar rôti – Courgettes sautées à l'ail	
Velouté de carotte à la coriandre	Daurade rôtie – Poêlée champignons	
Soupe chinoise au poulet	Papillote daurade agrumes – Fondue de fenouil	
Brocolis au parmesan	Langoustines court-bouillon – Tagliatelle de légumes	
Asperges vinaigrette au cerfeuil et œufs	Poisson poché concassé tomate – Salade aux herbes	Fruits rouges nature ou Salade d'oranges ou Fruits en papillote ou Îles blanches de Danièle
Salade haricots verts champignons, noisettes	St-Jacques à la nage – Salade verte aux herbes	
Fenouil cru au citron	Carpaccio bœuf, poisson, céviche ou thon cru – Salade	
Velouté de poivron au gingembre	Tartare de bœuf – Salade verte aux herbes	
Soupe de crevettes à la citronnelle	Lamelles de poulet avec légumes et sésame au wok	
Trucs apéro	Bœuf à la ficelle et ses légumes	
Courgettes crues au citron	Filet de bœuf rôti – Purées de carottes et de céleri	

VÉGÉTARIEN

Salade d'oranges	Pâtes aux légumes (pesto/légumes, aubergine...)	Sorbets
Salade aux 2 tomates	Tarte aux légumes (oignon/cumin, tomate)	Fromage blanc au miel
Crudités au citon	Galette d'épeautre aux chèvres rôtis	Fruits de saison poêlés

Salade verte aux herbes	Aubergines à la parmigiana – Riz blanc	Salade de fruits de saison
Salade haricots verts, champignons, noisettes	Clafoutis aux tomates cerises	Compote de fruits de saison
Trucs apéro	Légumes au wok ou Curry de légumes – Riz	Fruits de saison rôtis

PROVENCE

Trucs apéro	Gigot à l'ail et aux anchois – Tomates provençales	Clafoutis
Salade aux 2 tomates	Papillote de poisson tapenade – Pommes de terre en ragoût	Tarte aux fruits
Trucs apéro	Veau à la guardiane – Polenta	Fruits de saison rôtis

CORSE

Charcuteries, lonzo...	Omelette au brocciu – Salade	Fiadone

BASQUE

Trucs apéro	Piperade – Salade – Fromage de brebis confiture de cerises	Glaces

SAVOYARD

Jambon cru, salade	Tartiflette	Glaces

ASIATIQUE

Soupe chinoise au poulet	Poisson gingembre coco – Riz	Litchis, nougats, kumquats...
Soupe de crevettes à la citronnelle	Bo Bun	Gâteau à la noix de coco
Trucs apéro	Poulet au gingembre – Riz cantonnais	Glace coco
Trucs apéro	Porc au caramel – Vermicelles de riz	Salade fruits exotiques
Trucs apéro	Bœuf sauté aux oignons – Riz blanc	Salade de mangues

ESPAGNOL

Trucs apéro style tapas	Tortillas – Riz à l'espagnole	Miroir à l'orange

EUROPE DE L'EST

Trucs apéro	Goulash – Fondue de chou rouge	Cheesecake

INDIEN

Trucs apéro type fromage blanc	Curry de poulet – Riz indien	Glaces
Trucs apéro type fromage blanc	Brochettes de poulet tandoori – Curry de légumes	Salade de mangues

ITALIEN

Charcuteries italiennes	Pâtes – Roquette, copeaux de parmesan	Salade de fruits de saison
Tomates, mozza	Risotto – Roquette, copeaux de parmesan	Panacotta
Charcuteries italiennes	Scalopine au citron – Épinards	Panacotta
Melon, figues	Saltimbocca a la romana – Polenta	Glaces
Brocolis au parmesan	Poisson à la livournaise – Tagliatelle	Glaces

MAROCAIN

Trucs apéro	Tajine aux fruits secs – Couscous	Salade d'oranges
Salade d'oranges	Tajine agneau, oignons, cumin – Couscous	Fromage blanc au miel
Trucs apéro	Daurade à la marocaine – Couscous	Salade d'agrumes

ORIENTAL

Trucs apéro : tarama, houmous...	Ailes de poulet à la libanaise – Boulgour	Salade d'oranges

TUNISIEN

Fenouil au citron	Merguez – Couscous aux légumes	Fruits frais, dattes et noix
Olives, pistaches, boutargue...	Tajine de poulet au céleri – Couscous	Salade fraises, bananes

L'APÉRO

Si l'on manque de temps, mieux vaut se concentrer sur la préparation du plat. Commencer alors par un apéritif copieux et en profiter pour sauter la case entrées. À servir dans le salon en attendant les retardataires ou directement à table pour patienter le temps de servir le plat. Pour changer des chips, olives et cacahuètes, quelques suggestions d'achats avisés et quelques petites préparations rapides.

Grignoter, tartiner...

À tartiner sur du bon pain, des crackers complets au sésame, des crackers à l'huile d'olive et à l'origan ou des petits blinis tiédis au micro-ondes.
À déguster tel quel avec des légumes crus coupés en bâtonnets ou à l'italienne avec des gressins, nature ou au sésame.
On trouve un peu partout dans le commerce toutes sortes de bonnes choses :

– Guacamole : purée mexicaine d'avocats relevée d'épices.
– Houmous : purée libanaise de pois chiches.
– Mayonnaise : émulsion bien française à base de jaune d'œuf et d'huile d'arachide, préférer celles de fabrication artisanale.
– Purée d'aubergines : à la grecque ou à la provençale.
– Tapenade : purée provençale d'olives noires ou vertes.
– Tarama : purée grecque d'œufs de cabillauds au citron.
– Tzatziki : fromage blanc grec au concombre et aux herbes.
– À moins de présenter une terrine de campagne ou de foie gras, de bonnes rillettes, du saucisson ou du jambon cru en chiffonnade ou, pour changer, de l'andouille de campagne

ou de Guéménée, sans parler du fromage en lamelles ou cubes type mimolette extra-vieille ou cantal... ou encore tenter un assortiment de harengs marinés à la suédoise (aneth, moutarde, curry), de poissons fumés coupés en dés et servis avec des piques en bois.

Les fromages blancs assaisonnés

Ils accompagnent des crudités à l'apéritif, certains comme le fromage au concombre sont de vraies entrées. On peut également les tartiner sur du pain grillé.

Pour toutes ces recettes, préférer un fromage blanc à 40 % de matières grasses et si possible acheté chez le crémier « à la louche ». Il sera plus onctueux et intéressant de goût. Mais régime oblige, on trouve des fromages à 20 % et même 0 % mais là ce n'est pas raisonnable, on est plus près du plâtre que du fromage. Idem pour les petits-suisses qui peuvent remplacer le fromage blanc, surtout quand on cherche à obtenir une consistance plus épaisse.

En retirant le fromage blanc de son pot, essayer de ne pas entraîner le liquide resté au fond.

Pour toutes ces recettes, préférer ail et herbes fraîches mais, faute de temps, les remplacer par de l'ail en poudre et des herbes surgelées.

Sardines au fromage frais

Préparation : 3 min.

Ingrédients : 250 g de fromage frais épais (mascarpone, petits-suisses...), 2 boites de sardines à l'huile d'olive sans arêtes, 1 cuil. à soupe de câpres, sel, poivre du moulin.

Bien égoutter les sardines et les écraser à la fourchette. Ajouter le fromage frais et les câpres. Bien mélanger et rectifier l'assaisonnement. Servir dans un joli bol.

♦ **Ou alors.** Enrichir et/ou décorer d'une herbe fraîche ciselée, persil, ciboulette... Remplacer le fromage par 100 g de beurre. Écraser à la fourchette ou mixer.♦ **Info.** Pour un mélange plus lisse, verser tous les ingrédients dans le bol du mixeur et réduire en purée.

Thon au fromage frais

Préparation : 5 min.

Ingrédients : 150 g de thon au naturel, 250 à 300 g de fromage à pâte fraîche (Saint-Moret, Carré Gervais...), 1/2 bouquet de ciboulette, sel, poivre du moulin.

Égoutter le thon. L'émietter grossièrement et l'écraser à la fourchette avec le fromage. Rincer, sécher et ciseler la ciboulette. L'ajouter au mélange, rectifier l'assaisonnement. Recouvrir d'un film alimentaire et réserver au frais. Servir avec des crudités et/ou des crackers ou du pain de campagne grillé.

♦ **Ou alors.** Relever le mélange de zeste de citron vert (1/2) râpé ou à défaut de citron jaune. Et remplacer le thon par la même quantité de saumon au naturel.

Prépa 6'
Cuisson 00'

Rillettes de poissons fumés

Pour une belle terrine

Ingrédients

200 g de truite fumée
300 g de maquereau fumé
250 g de crème fraîche
   épaisse
1 citron (jus)
2 cuil. à café
   de Worcestershire sauce
2 cuil. à café de tabasco
Sel

✓ Retirer la peau des truites et des maquereaux et émietter la chair dans le bol du mixeur. Y ajouter le saumon en morceaux. Presser le citron, assaisonner des sauces et mixer pour réduire l'ensemble en purée.

✓ Verser dans une terrine et bien mélanger à la crème fraîche. Rectifier l'assaisonnement. Lisser la surface à la fourchette et essuyer les bords de la terrine à l'aide de papier absorbant. Couvrir de film alimentaire et glisser au frigo aussi longtemps que possible.

✓ Servir avec des tranches de pain de campagne grillées et une salade verte à la ciboulette ou à l'aneth.

♦ **Ou alors.** Réaliser cette terrine avec un ou plusieurs poissons fumés : maquereaux, anguille, saumon, truite... ♦ **Marché.** Certains traiteurs proposant du saumon à la coupe, vendent les chutes de saumon, bien suffisant pour cette recette. ♦ **Astuce.** Mixer par à coups pour obtenir un mélange avec morceaux. Mixer un peu plus longtemps si on le préfère lisse.

Prépa 6'
Cuisson 00'

Guacamole simplifié

Pour un petit saladier

Ingrédients

4 avocats mûrs
2 sachets
   d'assaisonnement pour
   guacamole
1 citron vert (jus)

✓ Peler les avocats, les couper grossièrement dans le bol du mixeur. Presser le jus du citron. Ajouter le contenu des sachets et mixer. Goûter et rectifier l'assaisonnement.

✓ Servir à table ou à l'apéritif avec des crudités (surtout les tomates) et des chips mexicaines (tortilla chips).

♦ **Marché.** On trouve ces sachets de « guacamole seasoning mix » dans tous les rayons exotiques des grandes surfaces à côté des tacos et autres spécialités mexicaines.

LES ENTRÉES

Voici une sélection d'entrées dont certaines, un peu étoffées, peuvent se transformer en plat principal. On imaginera alors un dîner autour notamment d'une salade composée. En continuant sans culpabilité par un assortiment de fromages de saison. On disposera du temps suffisant pour cuisiner un dessert maison.

Asperges vertes
avec vinaigrette au cerfeuil et œufs durs

Bien fraîches, nul besoin de les éplucher. Elles cuisent en un rien de temps et se dégustent plus fermes que les autres variétés d'asperges.

Pour 6 personnes

Préparation pendant la cuisson

Ingrédients

3 belles bottes d'asperges vertes (1,5 kg)
1 bouquet de cerfeuil
3 œufs
6 cuil. à soupe d'huile d'olive
1 cuil. à soupe de vinaigre de xérès
2 cuil. à soupe de vinaigre balsamique
Gros sel
1 cuil. à café de sel fin
Poivre du moulin

✓ Poser les œufs dans la marmite de cuisson des asperges, la remplir de 3 litres d'eau chaude et porter à ébullition.

✓ Pendant ce temps, couper le bout des asperges à 15 ou 20 cm de la pointe, de façon qu'elles aient toutes la même taille et qu'elles ne dépassent pas de l'assiette dans laquelle vous avez l'intention de les servir. Vérifier que la chair est tendre, sinon, éplucher rapidement leur base à l'aide d'un économe. Ainsi tout se mange, rien à jeter. Les rincer.

✓ Quand l'eau bout, verser une poignée de gros sel et y plonger les asperges pour 8 à 10 min selon leur grosseur. Les retirer délicatement à l'écumoire et les poser sur un torchon plié en deux pour les égoutter.

✓ Retirer les œufs, les passer sous un filet d'eau froide et les écaler. Ils refroidiront plus vite et la coquille se détachera plus aisément.

✓ Pendant la cuisson, préparer la vinaigrette dans un joli bol. Dissoudre le sel fin dans les vinaigres puis ajouter le poivre et l'huile d'olive.

✓ Rincer le bouquet de cerfeuil, l'égoutter. Le ciseler grossièrement tiges fines comprises, s'arrêter quand les tiges deviennent épaisses. Mélanger à la vinaigrette.

✓ Poser les asperges dans un plat de service et râper les œufs (côté gros trous de la râpe) au-dessus des pointes. Servir la vinaigrette à part.

♦ **Info.** Consommer les asperges le jour de leur cuisson. Comme les artichauts, il n'est pas conseillé de les conserver au-delà. Sinon elles s'oxydent et perdent leurs vitamines. Cuisson à la vapeur : 5 à 7 min. ♦ **Ou alors.** Remplacer cette vinaigrette par une sauce ravigote avec œufs durs, câpres, cornichons, persil, ciboulette, vinaigrette. Cornichons et herbes sont hachés menu, mélangés à la vinaigrette avec les câpres. Les œufs durs coupés en petits dés sont ensuite posés sur la vinaigrette pour ne pas s'écrouler en purée. On peut remplacer la ciboulette par des échalotes hachées menu.

Variations

Asperges vertes avec parmesan. À l'italienne

Les asperges une fois égouttées, sont revenues vivement à la poêle dans 1 filet d'huile d'olive. Les saupoudrer immédiatement de parmesan fraîchement râpé. Celui-ci va fondre au contact de la chaleur.

Asperges vertes avec œufs au plat

Pour un repas complet, cuire 1 ou 2 œufs au plat par personne dans 1 ou 2 poêles à revêtement antiadhésif avec un minimum de beurre. Servir les asperges à l'assiette et y poser les œufs, saupoudrer de parmesan râpé et arroser d'1 filet de beurre fondu.

Asperges vertes avec œufs à la coque

Avec des œufs coques et des asperges en mouillettes, vous tenez un plat principal hautement diététique.

Sortir dès que possible les œufs du frigo pour qu'ils soient à chaleur ambiante. Cuire les asperges un poil moins longtemps pour qu'elles restent *al dente*. Juste avant de les égoutter, mettre l'eau des œufs à bouillir dans une grande casserole.

Pendant que les asperges égouttent, poser délicatement les œufs dans la casserole un à un avec une cuillère à soupe ou par deux avec une louche. Cuire 3 à 4 min après la reprise de l'ébullition selon qu'on apprécie le blanc baveux ou ferme. Les retirer à l'aide d'une écumoire. Trempées dans le jaune d'œuf, les asperges tiendront lieu de mouillettes.

Prépa 10'
Cuisson 8'

Brocolis
et copeaux de parmesan

Pour 6 personnes

Préparation pendant et
après la cuisson

Ingrédients

3 bouquets de brocolis
12 feuilles de salade
  (batavia ou laitue)
150 g de parmesan
6 cuil. à soupe d'huile
  d'olive
6 cuil. à soupe de vinaigre
  balsamique
Gros sel, sel fin, poivre
  du moulin

✓ Mettre une grande quantité d'eau chaude à bouillir dans une marmite ou une grande casserole.

✓ Rincer les brocolis, les séparer en petits bouquets, couper les plus grosses côtes.

✓ Quand l'eau bout la saler au gros sel, y plonger les brocolis et cuire à découvert pendant 8 min, ils doivent rester *al dente.*

✓ Pendant ce temps, laver les feuilles de salade, les laisser entières et les sécher.

✓ Préparer la vinaigrette en diluant le sel dans le vinaigre puis ajouter l'huile d'olive.

✓ Retirer les brocolis à l'aide d'une écumoire et les égoutter sur un torchon plié en deux.

✓ Disposer les feuilles de salade en couronne au bord d'un grand plat rond, les brocolis au centre. Arroser le tout de vinaigrette, poivrer au moulin et, à l'aide d'un couteau économe, râper généreusement des copeaux de parmesan sur la salade et sur les brocolis. Servir tiède.

♦ **Ou alors.** Remplacer les copeaux de parmesan par des lamelles alternées de mimolette et d'édam.

Variations

Salade de roquette aux copeaux de parmesan

La roquette remplace brocolis et salade. On peut tenter à la place du parmesan, des copeaux de fromage basque au lait de brebis ou du pecorino.

Prépa 10'
Cuisson 00'

Céviche

Le poisson cru est à la mode. Pour changer un peu de la manière japonaise ou italienne, ou pour séduire les derniers récalcitrants au poisson cru, voici le céviche, spécialité sud-américaine. Le poisson cru va en fait « cuire » dans son assaisonnement où domine le citron.

Pour 6 personnes

Ingrédients
600 g de poisson
   (bar, daurade, lotte,
   saumon...)
3 citrons verts
1 bouquet de cives
2 cuil. à soupe d'huile
   d'olive
Sel de Guérande, poivre
   du moulin

✓ Demander au poissonnier de découper le poisson en lamelles un peu épaisses ou en cubes. On peut aisément le faire soi-même. Poser ces lamelles directement dans le plat de service.
✓ Presser le jus de 2 citrons dans un bol, y faire fondre le sel, ajouter l'huile et le poivre et verser sur le poisson.
✓ Laver, sécher puis couper le troisième citron en fines lamelles, recouper chaque lamelle en quatre. Rincer, éplucher et émincer les cives, vert compris.
✓ Ajouter cives et citron au poisson assaisonné. Bien mélanger, recouvrir d'un film alimentaire et glisser au frigo jusqu'au moment de passer à table.
✓ Avec le plat de poisson, poser sur la table, du sel de Guérande, le moulin à poivre et une bonne huile d'olive, chacun rectifiera l'assaisonnement.

◆ **Ou alors.** Remplacer la cive par de la ciboule, des oignons frais nouveaux (en utilisant blanc et vert), des échalotes roses nouvelles ou 1 gros oignon rouge. Ajouter sur le poisson, coriandre fraîche, persil, cerfeuil ou ciboulette grossièrement ciselée. Gingembre : éplucher 50 g de gingembre frais, le râper (côté gros trous de la râpe) et l'ajouter dès le départ à l'assaisonnement du poisson. ◆ **Idéal avec.** En été, servir le céviche en plat. Augmenter la quantité de poisson (900 g à 1,2 kg). Servir avec une *Salade avocats, tomates, oignons* (p. 44). ◆ **Info.** La cive ressemble à un poireau miniature.

Prépa 5'
Cuisson 00'

Champignons crus
au citron

Quelques gouttes d'huile d'olive mises à part, voici une salade à zéro calories.

Pour 6 personnes

Ingrédients

3 barquettes de 250 g
de champignons de
Paris émincés et lavés
6 brins de persil plat
1 citron (jus)
2 cuil. à soupe d'huile
d'olive
Sel, poivre du moulin

✓ Rincer, sécher, effeuiller le persil dans un petit bol et le ciseler.
✓ Dans un autre bol, préparer l'assaisonnement : jus de citron, sel, poivre du moulin puis huile d'olive.
✓ Verser les champignons dans un plat creux de service. À la dernière minute assaisonner, mélanger et parsemer de persil ciselé.

♦ **Marché.** Il existe des champignons émincés, déjà lavés, présentés en barquette que l'on trouve au rayon frais des grandes surfaces. Ils doivent être de la plus grande fraîcheur et cuisinés sans attendre. ♦ **Astuce.** En présence du sel, les crudités « lâchent » leur eau, elles dégorgent. C'est pourquoi, le champignon principalement constitué d'eau doit être assaisonné juste avant de le consommer. Sinon, il est « cuit ». En règle générale, pour toutes les crudités préparées de cette façon, mélanger l'assaisonnement à la dernière minute pour leur garder tout leur croquant, ou bien un peu à l'avance, si on les aime un peu « cuites » dans le citron. ♦ **Ou alors.** Remplacer les champignons par 6 bulbes de fenouil ou 6 courgettes ou 6 à 12 artichauts violets. Relever ces crudités de copeaux de parmesan. Très chic pour les jours de fête : utiliser des cèpes et garnir de truffe blanche finement émincée.

Prépa 2'
Cuisson 00'

Foie gras minute
de Mumu

Mumu, c'est tout ou rien. Une tomate ou un reste froid de la veille avalé debout dans sa cuisine. Ne la plaignez pas, elle adôôre. Ou alors, c'est le grand jeu, préparations élaborées, cuissons parfaites, grands millésimes et table décorée. Grâce à elle, nous avons même un foie gras dans ce livre. Un des plats les plus rapides.

Pour 6 personnes

Prévoir 10' de pause
   au congélateur

Ingrédients
1 petit foie gras de canard
   dénervé
Sel, fleur de sel
   de Guérande, poivre
   du moulin

✓ Saler et poivrer légèrement toutes les faces du foie. Le rouler en long comme un boudin et l'envelopper dans un torchon en serrant bien. Glisser 10 min au congélateur.

✓ Dérouler le torchon, couper le foie en tranches moyennes. Assaisonner d'un peu de fleur de sel de Guérande et de poivre du moulin.

✓ Servir avec du pain grillé (meilleur que les toasts, trop fades).

♦ **Marché.** On trouve du foie gras déjà dénervé (par exemple Picard Surgelés).

 Variations

Salade gourmande
Émincer le foie gras en fins copeaux sur un mélange de salade verte et de haricots verts.

Prépa 15'
Cuisson 00'

Salade avocats,
tomates, oignons

Pour 6 personnes

Ingrédients

3 avocats
3 belles tomates
6 oignons nouveaux
1 cuil. à soupe de vinaigre
   balsamique
1 cuil. à soupe de vinaigre
   de xérès
3 cuil. à soupe d'huile
   d'olive
Sel, poivre du moulin

✓ Laver, essuyer puis couper les tomates en deux dans la largeur. Avec le pouce, vider pépins et jus nichés dans les alvéoles. Couper la chair en morceaux moyens et les déposer dans un plat creux de service.

✓ Éplucher les oignons et les émincer, tige verte comprise. Ajouter aux tomates.

✓ Préparer l'assaisonnement dans un bol en commençant par faire fondre le sel dans les vinaigres puis ajouter le poivre et l'huile.

✓ Peler les avocats et les découper en tranches comme des poires, en tournant autour du noyau, et les déposer sur le plat de service. Verser l'assaisonnement et mélanger tout de suite pour éviter que les avocats noircissent.

♦ **Marché.** Choisir les meilleures tomates : 3 belles, 6 petites ou l'équivalent de tomates cerises pas trop petites pour pouvoir les couper en deux. Les oignons seront frais et doux. ♦ **Ou alors.** En saison, utiliser des échalotes roses fraîches ou des oignons rouges. Autre mélange heureux : avocats (3), chair de pamplemousse (3), crevettes décortiquées (300 g), assaisonnés de citron vert, coriandre ou gingembre. Plus simple : avocats, mangues, avec ou sans crevettes et assaisonnés comme précédemment.

Prépa 15'
Cuisson 00'

Salade de betteraves
aux pommes de Marinette

Pour 6 personnes

Ingrédients
4 belles betteraves cuites
4 belles pommes
   (reinettes, boskoop...)
3 brins de persil plat
4 cuil. à soupe d'huile
   d'arachide
3 cuil. à soupe de vinaigre
   de xérès
Sel, poivre du moulin

✓ Rincer le persil, le sécher dans un torchon, l'effeuiller et le ciseler grossièrement.

✓ Peler les betteraves, les couper en dés, les poser dans un plat creux de service. Les arroser de vinaigre et les saler.

✓ Éplucher les pommes, les couper en dés de la même taille et les poser sur les betteraves.

✓ Verser l'huile, poivrer et bien mélanger. Parsemer de persil ciselé.

♦ **Astuce.** Vinaigrer et saler les betteraves sert à les préparer et à atténuer leur goût douceâtre.

Prépa 5'
Cuisson 6'

Salade de haricots verts
avec artichauts et jambon cru

Pour 6 personnes

Ingrédients

600 g de haricots verts
   éboutés
12 demi-cœurs
   d'artichauts surgelés
3 brins de persil plat
3 tranches de jambon cru
1 trait de vinaigre
   balsamique et de
   vinaigre de xérès
4 cuil. à soupe d'huile
   d'olive
Gros sel, poivre du moulin

✓ Demander au charcutier de couper le jambon en tranches moyennes.

✓ Poser les artichauts surgelés dans une assiette. Dès qu'on peut supporter de les toucher, les émincer finement.

✓ Faire bouillir une grande quantité d'eau dans une marmite. Rincer les haricots verts. Saler l'eau bouillante au gros sel et y plonger les haricots. Les cuire 4 min. Les verser dans une passoire sur pieds et laisser sous le robinet d'eau froide pour arrêter la cuisson et les garder bien verts. Les égoutter (au besoin s'aider d'un torchon pour aller plus vite), puis les disposer dans un plat creux de service.

✓ Pendant la cuisson des haricots, couper le jambon en lanières de 1 cm de large. Rincer le persil, le sécher, l'effeuiller et le ciseler très grossièrement. Préparer l'assaisonnement dans un bol : mélanger vinaigres, sel et poivre puis 3 cuil. à soupe d'huile d'olive. Verser sur les haricots verts et mélanger. Goûter et rectifier l'assaisonnement.

✓ Chauffer 1 cuil. à soupe d'huile d'olive dans une poêle à revêtement antiadhésif et y faire revenir 2 min sur feu vif les lamelles d'artichauts puis les saler légèrement au gros sel.

✓ Disposer les artichauts et les lanières de jambon sur les haricots verts, parsemer de persil ciselé et servir.

♦ **Marché.** Choisir du San Daniele, du Parme ou du jambon de pays s'il n'est pas trop salé. En saison, pour quelques minutes de plus, préférer les artichauts poivrade. ♦ **Info.** On trouve dans les grandes surfaces, au rayon réfrigéré, des barquettes de haricots verts déjà nettoyés et équeutés, ne les utiliser que très frais et les cuisiner le jour même, sinon ils deviennent creux.

Prépa 8'
Cuisson 6'

Salade de haricots verts,
champignons et noisettes

Pour 6 personnes

Préparation pendant la
cuisson

Ingrédients

600 g de haricots verts
éboutés

1 barquette de 250 g
de champignons
de Paris émincés et lavés

60 g de noisettes
décortiquées

6 brins de persil plat

3 cuil. à soupe rases
d'échalotes coupées
surgelées

1,5 cuil. à soupe d'huile
d'arachide

1,5 cuil. à soupe d'huile
de noisette

3 cuil. à soupe de vinaigre
de xérès

Sel fin, gros sel, poivre
du moulin

✓ Dans une marmite faire bouillir une grande quantité d'eau chaude, couvrir. Attendre l'ébullition pour saler au gros sel.

✓ Pendant ce temps, rincer les haricots verts. Préparer la vinaigrette : poser les échalotes encore surgelées dans une petite casserole, couvrir du vinaigre, saler et porter à ébullition. Verser dans un bol, poivrer et ajouter les huiles.

✓ Rincer, sécher, effeuiller le persil et le ciseler.

✓ Concasser grossièrement les noisettes à l'aide d'un mortier ou les couper au couteau. Les faire dorer à sec dans une petite poêle à revêtement antiadhésif et les réserver.

✓ Quand l'eau bout, y plonger les haricots verts et les cuire 4 min. Les verser dans une passoire sur pieds et laisser sous le robinet d'eau froide pour arrêter la cuisson et les garder bien verts. Les égoutter, les disposer dans un plat creux et les assaisonner.

✓ Juste avant de passer à table, ajouter les champignons, mélanger et rectifier l'assaisonnement.

✓ Éparpiller les noisettes et le persil ciselé sur la salade.

♦ **Marché.** On trouve dans les grandes surfaces, au rayon réfrigéré, des barquettes de champignons de Paris déjà nettoyés et émincés et des haricots verts éboutés. Ils doivent être achetés très frais et cuisinés sans tarder. ♦ **Ou alors.** Au vinaigre de vin seul, on peut préférer un mélange d'un bon vinaigre de vin (xérès, vin vieux, bordeaux...) et de vinaigre balsamique.

Prépa 8'
Cuisson 10'

Salade de lentilles

Pour 6 personnes

Préparation pendant la cuisson

Ingrédients
2 barquettes de 500 g de lentilles cuites sous vide
1 barquette de 200 g de lardons fumés
3 cuil. à soupe d'échalotes coupées surgelées
5 brins de persil plat
3 cuil. à soupe de vinaigre de vin
1 cuil. à soupe de moutarde de Dijon (facultatif)
4 cuil. à soupe d'huile d'arachide
Sel, poivre du moulin

✓ Dans une poêle à revêtement antiadhésif posée sur feu moyen, faire revenir les lardons sans matières grasses. Réserver.

✓ Dans une petite casserole, sur feu vif, porter à ébullition le vinaigre, les échalotes encore surgelées et un peu de sel. Puis retirer du feu.

✓ Rincer, sécher, effeuiller et ciseler le persil.

✓ Vider la barquette de lentilles dans le saladier de service, couvrir d'un film alimentaire et tiédir au micro-ondes.

✓ Pendant ce temps, préparer l'assaisonnement. Dans un bol, mélanger, la moutarde (facultatif), le contenu de la casserole, poivrer puis verser l'huile en filet.

✓ Arroser les lentilles tièdes de cette sauce, ajouter les lardons, bien mélanger et rectifier l'assaisonnement. Décorer de persil ciselé.

◆ **Marché.** Les lentilles sont un des seuls légumes acceptables dans la gamme des légumes cuits nature et présentés sous vide. Penser à les utiliser en légumes, à cuisiner avec échalotes, ail, lardons, thym et laurier.

Variations

Salade de lentilles au haddock
Remplacer les lardons par du haddock fumé coupé en fines lamelles à poser sur les lentilles assaisonnées.

Prépa **15'**
Cuisson **00'**

Salade d'oranges

Entrée rafraîchissante quand le repas est copieux, ou exotique.

Pour 6 personnes

Ingrédients
6 à 8 oranges
2 échalotes nouvelles
  (ou 1 oignon rouge)
1 filet d'huile d'olive
Sel, poivre du moulin

✓ À l'aide d'un couteau bien aiguisé, peler les oranges à vif. Couper 2 calottes à la base des fruits et autour de la trace de la tige. Poser les fruits sur leur base. Trancher au ras de la peau fine en entamant légèrement la chair. Couper des rondelles d'1/2 cm d'épaisseur dans la largeur (parallèles à la base du fruit) dans un plat creux de service pour récupérer le jus.

✓ Éplucher les échalotes ou l'oignon et les couper en lamelles assez fines. Les ajouter dans le plat de service.

✓ Récupérer un peu de jus d'orange et y faire fondre le sel. Verser sur les oranges et les échalotes. Arroser d'huile d'olive et poivrer. Recouvrir d'un film alimentaire et laisser en attente au frigo.

✓ Sortir le plat 10 min avant de le déguster.

♦ **Ou alors.** Parfumer cette salade de persil, menthe ou coriandre grossièrement ciselé. L'enrichir d'1 poignée de petites olives noires. ♦ **Astuce.** Pour ceux qui ont du mal à digérer l'oignon cru, le couper, l'arroser de jus de citron et le saler. Réserver le temps de préparer tout le reste. L'oignon va ainsi cuire dans le citron. Il sera moins pimpant d'aspect mais plus digeste.

Prépa **6'**
Cuisson **3'**

Salade de pois chiches
au céleri

Pour 6 personnes

Ingrédients
1 grosse boîte de pois
   chiches (4/4) + 1 petite
1 cœur de céleri-branche
2 oignons rouges
1 citron (jus)
1/2 bouquet de persil plat
1 poignée de petites olives
   noires
4 cuil. à soupe d'huile
   d'olive
Sel, poivre du moulin

✓ Égoutter et rincer les pois chiches. Les verser dans un récipient en verre, les recouvrir de film alimentaire et les réchauffer 3 min au micro-ondes.

✓ Pendant ce temps, verser le jus du citron dans un saladier, y faire fondre le sel, ajouter du poivre, puis l'huile d'olive.

✓ Éplucher et émincer les oignons. Couper le cœur de céleri en fines lamelles. Les ajouter dans le saladier.

✓ Rincer le persil, le sécher, l'effeuiller, le ciseler grossièrement et le réserver.

✓ Verser les pois chiches dans le saladier, bien mélanger. Décorer de persil ciselé et d'1 poignée de petites olives noires.

Variations

Salade de pois chiches au cumin

Tiédir les pois chiches comme précédemment et les arroser du mélange suivant : 1 jus de citron, 1 gousse d'ail écrasée, du sel, 1/2 cuil. à café d'harissa (ou de poivre), 1 cuil. à soupe de cumin en poudre, 4 brins de persil ou de coriandre ciselés, 3 cuil. à soupe d'huile d'olive. Ce plat se déguste tiède ou froid.

Salade de pommes de terre au cumin

Remplacer les pois chiches par 750 g de pommes de terre à chair ferme (belle de Fontenay, charlotte, BF 15, roseval). Soit environ 6 grosses pommes de terre ou 12 moyennes. Les éplucher, les rincer, couper les plus grosses en deux ou trois morceaux et cuire 15 à 20 min à la vapeur. Les couper en gros dés ou en tranches et les assaisonner encore tièdes de la même façon mais sans ail. Les pommes de terre pompant la sauce, ne pas craindre de forcer sur l'assaisonnement. Ce classique de l'apéritif tunisien (kémia) peut accompagner viandes et poissons grillés.

ENTRÉES

Prépa **10'**
Cuisson **20'**

Salade de pommes de terre

Une grosse salade de pommes de terre tièdes accompagne avec bonheur saumon fumé, harengs, saucisse de Morteau ou saucisson de Lyon chaud. Servis avec une salade verte, c'est un repas idéal pour le dimanche soir.

Pour 6 personnes

Ingrédients
1,5 kg de pommes de terre roseval
6 cuil. à soupe rases d'échalotes coupées surgelées
1 botte de ciboulette
6 cuil. à soupe de vinaigre de xérès
1 verre d'huile de tournesol (15 cl)
Sel, poivre du moulin

✓ Alors que l'eau est mise à bouillir dans le bas du cuit-vapeur ou du couscoussier, peler les pommes de terre, les rincer et couper les plus grosses en deux. Les cuire à la vapeur pendant 15 à 20 min. Pour vérifier leur cuisson, on doit pouvoir piquer la lame d'un couteau dans une pomme de terre sans résistance.
✓ Pendant la cuisson, verser dans une petite casserole le vinaigre, les échalotes encore surgelées et du sel. Porter à ébullition et éteindre. Ainsi l'échalote sera plus digeste. Ajouter l'huile au contenu de la casserole, poivrer au moulin.
✓ Rincer la ciboulette, la sécher et la couper grossièrement.
✓ Couper les pommes de terre encore tièdes en tranches ou en gros dés et les déposer dans un grand saladier. Verser immédiatement la sauce. Remuer délicatement, goûter et rectifier l'assaisonnement. Parsemer de ciboulette et servir.

♦ **Astuce.** Forcer sur l'assaisonnement, la pomme de terre absorbe d'autant plus de sauce qu'elle est tiède. ♦ **Ou alors.** Pour relever la sauce, ajouter quelques cornichons coupés en rondelles ou 2 cuil. à soupe de câpres. Remplacer les échalotes par des oignons frais avec leurs tiges, le vinaigre de xérès par du vinaigre de vin vieux ou du vin blanc sec. Les jours de fête, râper 1 ou 2 truffes dans la salade. ♦ **Marché.** On peut utiliser des pommes de terre ordinaires, mais attention au temps de cuisson : trop cuites, elles se défont ; pas assez, elles sont immangeables. Mieux vaut choisir une pomme de terre qui se tienne. C'est souvent meilleur et moins risqué.

Prépa 8'
Cuisson 00'

Salade aux deux tomates

Quelques tomates séchées, pour égayer une simple salade de tomates.

Pour 6 personnes

Ingrédients
6 tomates
12 à 18 morceaux
  de tomates séchées
1 trait d'huile d'olive
1 trait de vinaigre
  balsamique
Sel, poivre du moulin

✓ Couper les tomates en deux dans la largeur. Enfoncer le pouce dans les alvéoles pour retirer jus et pépins. Les couper en quartiers ou en tranches et les déposer dans un plat creux de service. Éparpiller par-dessus les tomates séchées coupées en dés.
✓ Arroser les tomates d'1 filet d'huile d'olive, de vinaigre balsamique, saler et poivrer.

♦ **Ou alors.** Enrichir cette salade d'1 poignée de petites olives noires et/ou de 2 ou 3 oignons frais émincés, de persil ou de coriandre fraîche ciselée. ♦ **Info.** Les tomates étant très acides, choisir le vinaigre balsamique pour son côté doux sinon, supprimer le vinaigre. ♦ **Marché.** Hors saison, choisir des tomates grappes ou de grosses tomates cerises que l'on coupe en deux.

Prépa **6'**
Cuisson **5'**

Salade aux foies
de volaille

Pour 6 personnes

Ingrédients
Salade + vinaigrette
500 g de foies de volaille
2 cuil. à soupe de vinaigre de xérès
2 cuil. à soupe d'huile d'olive
Sel, poivre du moulin

✓ Laver la salade et préparer la vinaigrette.

✓ Détacher les foies de volaille en morceaux. Dans une grande poêle à revêtement antiadhésif, chauffer 2 cuil. à soupe d'huile d'olive sur feu fort. Quand celle-ci est fumante, y faire revenir les foies 2 à 5 min (selon qu'on les apprécie plus ou moins cuits) sans cesser de remuer. Ils doivent être dorés tout en restant roses à l'intérieur. Les réserver et verser 2 cuil. à soupe de vinaigre dans la poêle en grattant avec le dos d'une fourchette en bois. Remettre les foies juste pour les enrober de la sauce, saler, donner quelques tours de moulin à poivre et éteindre.

✓ Assaisonner la salade, la disposer dans un plat creux de service et verser le contenu de la poêle. Servir de suite.

♦ **Ou alors.** Éplucher 2 ou 3 oignons nouveaux, les couper en rondelles et les faire revenir dans l'huile puis continuer avec les foies.

Variations

Salade aux gésiers confits
Débarrasser les gésiers de leur gras, les essuyer et les couper en lamelles. Dans une poêle à revêtement antiadhésif, verser un peu de graisse récupérée et faire revenir les lamelles de gésiers, le temps de les réchauffer et de les dorer un peu. Éparpiller sur la salade assaisonnée et servir.

Salade au magret
Ajouter des tranches de magret fumé ou au poivre sur la salade assaisonnée.
En général, le magret ainsi préparé se vend en sachets d'environ 90 g pour une vingtaine de tranches.

➡

Salade au saumon, haddock, gambas...

Poser sur la salade assaisonnée, du saumon fumé coupé en lanières, du haddock fumé coupé en fines tranches, des noix de Saint-Jacques. Celles-ci sont émincées en deux dans l'épaisseur, séchées dans du papier absorbant et revenues vivement 30 s sur chaque face, avec 1 noix de beurre ou 1 filet d'huile d'olive.

On peut remplacer les Saint-Jacques par des filets de rougets poêlés, des gambas achetées cuites à décortiquer et à laisser mariner avec 1 trait de jus de citron, 1 filet d'huile d'olive et quelques herbes (thym ou romarin frais), le temps de préparer salade et vinaigrette.

Prépa 8'
Cuisson 2'

Salade d'épinards
aux lardons

Pour 6 personnes

Ingrédients
300 g d'épinards frais
200 g de lardons fumés

✓ Rincer les épinards dans plusieurs eaux. Les sécher et retirer les plus grosses côtes. Les poser dans le saladier de service.
✓ Faire dorer à sec les lardons dans une poêle à revêtement anti-adhésif, posée sur feu vif.
✓ Pendant ce temps, préparer la vinaigrette dans un bol. Assaisonner les épinards.
✓ Garnir la salade des lardons chauds avant de servir.

♦ **Marché.** Les épinards doivent être de la plus grande fraîcheur. Ou leur préférer les pousses d'épinards, plus tendres.
♦ **Astuce.** Cette salade est plus agréable si les lardons sont chauds ou tièdes. Soit tout préparer avant de passer à table. Soit tièdir les lardons au micro-ondes juste avant de les ajouter à la salade. ♦ **Ou alors.** Enrichir cette salade d'œufs pochés.

Variations

Salade d'épinards aux noisettes
Remplacer les lardons par une bonne trentaine de noisettes mondées (débarrassées de leur peau) et grillées à sec dans une poêle à revêtement antiadhésif. Pour la vinaigrette, mélanger huile d'arachide et huile de noisette.

Salade d'épinards au roquefort et aux noix
Assaisonner les pousses d'épinards de vinaigrette à l'huile de noix (moitié huile, moitié huile de noix). Émietter le roquefort et parsemer de cerneaux de noix.

Prépa 8'
Cuisson 00'

Tartine aux truffes
de Bruno

« Chez Bruno » à Lorgues, c'est là que nous accueille un personnage haut en couleurs, aussi généreux que mégalo. Bruno est né là, il y a grandi. Il aime et connaît cette terre, ses ressources, ses parfums, ses histoires. Il est un conteur à l'incroyable verve et un cuisinier hors pair. Une tradition culinaire qu'il tient de sa mère, de sa grand-mère… la meilleure école. Personne ne sera exclu de la fête, celle de la truffe. Un menu des plus abordables, les propose accommodées de mille façons. Celle-ci, la plus simple et la plus respectueuse de ses saveurs est, de loin, ma préférée.
Merci Bruno pour tout cela et pour l'amitié.

Pour 4 personnes

Ingrédients
80 g de truffes noires
Pain de campagne
Huile d'olive
Fleur de sel de Guérande,
   poivre du moulin

✓ Brosser rapidement mais délicatement les truffes sous 1 filet d'eau froide afin de retirer toute trace de terre. Utiliser une brosse à dents souple que l'on réserve à la cuisine. Les sécher dans du papier absorbant. Ou mieux, acheter la truffe déjà nettoyée.

✓ Toaster les tartines de pain de manière à ce qu'elles soient dorées à l'extérieur et souples à l'intérieur. Pour cela, il ne faut pas les trancher trop finement.

✓ Pendant ce temps, couper les truffes en fines lamelles à l'aide d'un économe, d'un couteau bien aiguisé ou d'une râpe à truffe.

✓ Verser 1 mince filet d'huile d'olive sur le pain, saler et poivrer légèrement. Poser quelques lamelles de truffes en les faisant se chevaucher. Recommencer l'opération : huile, fleur de sel et poivre du moulin.

✓ Servir à l'apéritif (1 tartine par personne) ou en entrée (2 tartines par personne) avec une salade verte.

Prépa 5'
Cuisson 00'

Thon cru au soja et sésame

Pour 6 personnes

Ingrédients
18 tranches fines de thon rouge (dans le filet)
9 cuil. à soupe de sauce soja
4 cuil. à soupe d'huile d'olive
4 cuil. à café de graines de sésame blanc
Poivre du moulin

✓ Demander au poissonnier de couper des tranches de thon de 0,5 cm d'épaisseur. Ou le faire soi-même, c'est très facile.

✓ Dès que vous rentrez chez vous, étaler toutes les tranches de thon sur un ou plusieurs plats de service à fond bien plat. Verser quelques gouttes de sauce soja sur chaque tranche, les retourner et renouveler l'opération. Ajouter quelques gouttes d'huile d'olive et poivrer. Recouvrir d'un film alimentaire et réserver en attendant le dîner.

✓ Faire blondir le sésame à sec dans une petite poêle anti-adhésive et en parsemer le thon.

On peut servir ce poisson sur un lit de salade. Choisir une salade forte en goût, légèrement ou plutôt amère (rougette, batavia rouge, mesclun ou roquette...).

♦ **Ou alors.** Râper un peu de gingembre frais dans la sauce soja avant d'en enduire le thon. ♦ **Astuce.** Tour de passe-passe psychologique pour les réfractaires au cru. Laisser la pièce de thon entière. Dans une poêle à revêtement antiadhésif, légèrement enduite d'huile d'olive et posée sur feu vif, faire revenir le thon très rapidement et sur toutes ses faces, comme un rôti. Laisser refroidir et couper en tranches. La pièce est juste ceinturée d'une pellicule de cuit, l'intérieur reste totalement cru. ♦ **Info.** Cette entrée fera un excellent plat principal pour un dîner d'été, mais prévoir au minimum 4 à 5 tranches par personne.

Prépa **10'**
Cuisson **00'**

Tomates farcies
au chèvre frais

Pour 6 personnes

Ingrédients

18 tomates grappes entre
   petites et moyennes
1 botte de ciboulette
3 gousses d'ail
500 g de chèvre frais
1 filet d'huile d'olive
Sel, poivre du moulin

✓ Couper un chapeau à chaque tomate (à 1/3 du haut). À l'aide d'une petite cuillère, vider l'intérieur (surtout jus et pépins), et les retourner sur une double épaisseur de papier absorbant. Mais surtout ne pas les saler, elles ramolliraient.

✓ Dans une assiette creuse, poser le fromage de chèvre. Ajouter la ciboulette rincée, séchée et ciselée ainsi que l'ail pelé et écrasé au presse-ail. Donner quelques tours de moulin à poivre. Verser 1 filet d'huile d'olive. Écraser le tout à la fourchette, rectifier l'assaisonnement, attention au sel, le fromage est salé.

✓ Essuyer l'intérieur des tomates avec du papier absorbant, les remplir de farce et les recouvrir de leur chapeau.

✓ Servir tel quel ou sur un lit de salade aux herbes.

◆ **Info.** Ici, la ciboulette remplace avantageusement oignons et échalotes, son goût est voisin, sa digestion plus aisée, sa préparation plus rapide et sa couleur réveille gaiement la blancheur du chèvre. Proposer ce plat sur un buffet. ◆ **Ou alors.** Autres mélanges à base de fromage : remplacer le chèvre par du brocciu, de la brousse ou de la ricotta. La ciboulette par de la menthe, du persil, du basilic, des ciboules vert compris ou un mélange d'herbes et l'ail par des échalotes. Chèvre et ciboulette seule : on supprime l'ail. Ou persil ciselé + 1 cuil. à café de cumin en grains (s'inspirer des recettes de *Fromages blancs assaisonnés* p. 33). ◆ **Minceur.** Utiliser un fromage à 20 % de matières grasses type Saint-Moret.

Prépa 15'
Cuisson 00'

Tunafish salad

Pour un brunch, ou un dîner d'été entre copains, cette salade peut constituer le plat principal. À faire suivre de fromages et d'un bon dessert maison type tarte, clafoutis ou crumble, servi avec glaces par exemple.

Pour 6 personnes

Ingrédients
500 g de thon au naturel
12 cuil. à soupe rases de mayonnaise légère toute prête
4 pommes granny smith
1 citron
1 botte de ciboulette
1 petite salade (batavia, laitue)
Huile d'arachide
2 cuil. à soupe de vinaigre de vin
Sel, poivre du moulin

✓ Laver, sécher la salade et la couper en grosses lanières. Rincer et sécher la ciboulette.
✓ Bien égoutter le thon.
✓ Préparer une vinaigrette très légère en huile.
✓ Éplucher les pommes, les couper en cubes ou en lamelles et les enduire de jus de citron pour les empêcher de noircir.
✓ Émietter grossièrement le thon puis le mélanger à la mayonnaise. Ajouter les pommes.
✓ Assaisonner la salade de vinaigrette et tapisser un plat creux. Poser la préparation au thon et à la pomme au centre de la salade et ciseler grossièrement la ciboulette directement au-dessus du plat.

♦ **Info.** La pomme doit impérativement être assez acide pour empêcher le mélange thon, mayonnaise d'être écœurant. Forcer sur les quantités et en faire un plat principal d'été. Idéal pour un brunch. ♦ **Ou alors.** Relever la salade de 3 oignons frais hachés menu. ♦ **Minceur.** Mélanger 6 cuil. à soupe de mayonnaise légère à 6 cuil. à soupe de fromage blanc à 0 % de matières grasses.

LES SOUPES

La soupe revient en force. Été comme hiver.
Toutes les soupes, les traditionnelles, les exotiques, les bouillons, les veloutés.
Elle remplace l'entrée. Étoffée, elle se fait repas.
Si vous appréciez, équipez-vous de bols évasés, d'une jolie soupière...
À l'heure où je vous parle, restaurants et bars à soupe commencent
à fleurir dans la capitale.

Prépa **10'**
Cuisson **15'**

Aïgo bouïdo
Soupe à l'ail

Une soupe d'hiver, rustique, reconstituante et crémeuse qui prend plus de temps à dire qu'à faire.

Pour 6 personnes

Préparation pendant
la cuisson

Ingrédients

3 têtes d'ail
1 bouquet garni : thym,
laurier, romarin, sauge…
30 cl d'huile d'olive
1 petite poignée de gros
sel, poivre du moulin
6 tranches de pain
de campagne

✓ Dans une grande marmite, faire bouillir 2,5 litres d'eau chaude.

✓ Pendant ce temps, éplucher l'ail et le presser au-dessus de la marmite. Ajouter le bouquet garni, l'huile d'olive, saler au gros sel et poivrer. Cuire 15 min en tout.

✓ Mieux vaut utiliser du pain un peu rassis, mais s'il est frais, passer les tranches rapidement au toaster ou au four pour les raidir et les dessécher un peu sans les dorer.

✓ Poser le pain dans une soupière ou un grand saladier et verser la soupe dessus. Servir de suite.

♦ **Ou alors.** Émietter 2 ou 3 cubes de bouillon de volaille dans l'eau. En fin de cuisson, battre 6 œufs en omelette, assaisonner et verser tout doucement, en un mince filet, dans la marmite sans cesser de remuer. La soupe sera plus épaisse et goûteuse.

Prépa 5'
Cuisson 35'

Soupe à l'oignon

Au temps où les Halles bruissaient au cœur de Paris, les vendeurs et les acheteurs se remettaient de leur dure nuit en avalant une gratinée brûlante au petit matin. Les Halles se sont éloignées de la ville... pas une raison pour abandonner la soupe à l'oignon aux touristes.

Pour 6 personnes

Préparation pendant
la cuisson

Ingrédients

1 kg d'oignons émincés
surgelés
2 cubes de bouillon
de volaille
150 g de beurre
200 g de comté
Sel, poivre du moulin
6 tranches de pain
de campagne

✓ Dans une grande cocotte ou une marmite, faire fondre le beurre sur feu moyen. Y jeter les oignons encore surgelés et augmenter le feu. Les oignons vont dégeler, lâcher leur jus puis commencer à dorer. Remuer souvent.

✓ Pendant ce temps, toaster les tranches de pain ou bien les griller légèrement au four sur les deux faces. Râper le comté.

✓ Quand les oignons ont blondi, émietter les cubes de bouillon, remuer pour bien les dissoudre et verser 2 litres d'eau très chaude. Dès l'ébullition, baisser le feu, couvrir et cuire 15 min. À la fin poivrer généreusement au moulin à poivre.

✓ Allumer le four sur position gril.

✓ Verser la soupe soit dans des bols individuels, soit dans un grand plat creux pouvant aller au four et sur la table. Couvrir des tranches de pain. Éparpiller le comté râpé et passer sous le gril, le temps que le fromage gratine.

♦ **Ou alors.** Si l'on désire une soupe plus épaisse, parsemer les oignons, une fois dorés, d'1 ou 2 cuil. à soupe de farine ou de Maïzena, laisser colorer 1 min en mélangeant et verser le bouillon petit à petit en remuant sans arrêt pour éviter la formation de grumeaux. ♦ **Organisation.** Cuire le dessert au moment de passer à table. ♦ **Idéal avec.** Trucs apéro + Salade verte + Plateau de fromages de saison + Clafoutis ou Flognarde.

Prépa 3'
Cuisson 5'

Bouillon aux ravioles

Pour 6 personnes

Préparation pendant
la cuisson

Ingrédients
6 plaques de ravioles
du Royans
3 cubes de bouillon de
volaille
1 botte de ciboulette
Poivre du moulin

✓ Verser 1,8 litre d'eau très chaude dans une marmite et poser sur feu fort. Émietter les cubes de bouillon et bien remuer pour les dissoudre. Dès l'ébullition, baisser le feu pour maintenir le bouillon à petits frémissements. Goûter, poivrer (en principe le bouillon apporte suffisamment de sel) et couvrir si l'on ne consomme pas le bouillon tout de suite.

✓ Rincer, sécher et ciseler grossièrement la ciboulette.

✓ Juste avant de passer à table, plonger les ravioles dans le bouillon frémissant, elles cuisent en 2 min seulement, le temps de remonter à la surface.

✓ Verser dans une soupière ou un grand saladier et décorer de ciboulette ciselée.

Soupe aux raviolis vietnamiens
Remplacer les ravioles par des raviolis vietnamiens à la crevette et ajouter de la coriandre fraîche. ♦ **Marché.** On trouve ces raviolis chez les commerçants chinois et vietnamiens.

Bouillon alsacien aux tagliatelle de crêpes
Acheter de bonnes crêpes au froment de fabrication artisanale. Superposer 3 crêpes, les rouler ensemble et les couper tous les centimètres. Ces tagliatelle remplaceront les ravioles. Les poser dans le saladier ou la soupière de service, verser le bouillon brûlant par-dessus. Garnir de cerfeuil grossièrement ciselé (à la place de la ciboulette).

♦ **Ou alors.** Plus goûteux, avec des crêpes au sarrasin (ou blé noir).

Prépa 2'
Cuisson 10'

Soupe chinoise au poulet

Ce type de soupes à base de bouillon parfumé d'herbes auquel on ajoute nouilles, poulet, bœuf ou crevettes est très représentatif de la nourriture de base du sud-est asiatique.
La soupe traditionnelle vietnamienne, pho (prononcer feu), que l'on déguste dès le petit déjeuner chez soi ou dans la rue, se cuisine, elle, au bœuf et se pare des parfums de cannelle, d'anis étoilé et de citron vert.

Pour 6 personnes

Préparation pendant
   la cuisson

Ingrédients
600 g de blancs de poulet
1 barquette de 250 g de
   champignons de Paris
   émincés et lavés
1 bouquet de coriandre
   fraîche
2 cubes de bouillon de
   volaille
100 g de vermicelles
   chinois
3 cuil. à soupe de nuoc-mâm
3 cuil. à soupe de sauce soja
Purée de piments
   (facultatif)
2 citrons verts (facultatif)

✓ Dans une grande marmite, verser 2 litres d'eau chaude, poser sur feu vif et émietter les cubes de bouillon de volaille. Bien remuer pour les dissoudre complètement. Dès l'ébullition, ajouter les blancs de poulet entiers et les champignons.
✓ Par ailleurs, mettre 2 litres d'eau chaude à bouillir pour les vermicelles.
✓ Rincer la coriandre, la sécher, l'effeuiller et la ciseler grossièrement.
✓ Au bout de 10 min de cuisson, retirer les blancs à l'aide d'une écumoire et les poser sur une planche.
✓ Poser les vermicelles dans un saladier et verser les 2 litres d'eau bouillante. Couvrir, attendre 4 min, égoutter et réserver.
✓ Couper les blancs en lamelles très fines et les remettre dans la marmite de bouillon avec les vermicelles. Éteindre, ajouter la sauce soja, le nuoc-mâm et décorer de coriandre ciselée. Inutile de saler, le bouillon et les sauces s'en chargent. Verser dans une soupière ou dans des bols individuels.
✓ Poser sur la table, sauces soja et nuoc-mâm, purée de piments, quartiers de citrons verts. Chacun assaisonnera selon son goût.

♦ **Ou alors.** Remplacer les champignons de Paris par des champignons noirs à faire gonfler dans un bol d'eau chaude. Égout-

SOUPES

ter, retirer la pointe un peu dure et couper le reste en lamelles. Remplacer le poulet par un mélange de poulet et de crevettes cuites décortiquées que l'on ajoute dans un deuxième temps avec le poulet découpé en lamelles. ♦ **Marché.** On trouve des champignons de Paris déjà lavés et émincés, présentés en barquettes au rayon frais des grandes surfaces. ♦ **Info.** Les vermicelles : à la farine de blé, ils blanchissent à la cuisson ; à la farine de soja, ils restent transparents. On peut leur préférer les nouilles de riz plates au blanc légèrement nacré ou les nouilles de blé rondes. Toutes ces pâtes ont l'avantage de cuire très rapidement. Si le blanc de poulet est surgelé, le plonger tel quel dans le bouillon.

Variations

Pho (soupe vietnamienne)
Remplacer les cubes de bouillon de volaille par du bouillon de bœuf (mieux, on trouve même des cubes de pho dans les épiceries chinoises), le poulet par du rumsteck à couper en fines lamelles et à plonger crues dans la soupe une fois celle-ci prête.
Parfumer le bouillon d'1 bâton de cannelle, de 2 ou 3 morceaux d'anis étoilé. Ajouter à la coriandre du basilic vietnamien, de la menthe et un peu de ciboule sans oublier le citron vert. Utiliser des nouilles de riz. Les poser dans un récipient. Les couvrir d'eau bouillante, attendre 6 à 8 min à couvert, les égoutter et les réserver.

Prépa 12'
Cuisson 20'

Soupe de crevettes
à la citronnelle

Pour 6 personnes

Préparation pendant
la cuisson

Ingrédients
18 crevettes roses fraîches
3 tiges de citronnelle
1/2 bouquet de coriandre
1 citron vert (jus)
2 cubes de bouillon
de volaille
3 cuil. à soupe de nuoc-mâm
Poivre du moulin

✓ Émietter les cubes de bouillon dans une marmite et verser 1,5 litres d'eau très chaude. Poser sur feu fort et remuer pour dissoudre complètement les cubes. Puis baisser à feu moyen, le temps de préparer tous les ingrédients.

✓ Plonger les crevettes 30 s dans le bouillon et les retirer à l'écumoire.

✓ Pendant qu'elles refroidissent un peu, détacher les peaux épaisses de la citronnelle. Lorsqu'on arrive à la partie tendre, couper en fines rondelles et verser dans le bouillon.

✓ Pour décortiquer les crevettes : défaire la tête et la carapace, garder la queue. Les fendre légèrement à l'endroit du boyau noir et le retirer. Replonger les crevettes dans la marmite pour 2 min.

✓ Rincer, sécher, effeuiller la coriandre et la ciseler grossièrement.

✓ Lorsque les crevettes sont cuites, ajouter le nuoc-mâm, presser le citron et poivrer (inutile de saler, le bouillon et les sauces le sont déjà).

✓ Verser dans des bols individuels, une soupière ou un grand saladier et parsemer de coriandre ciselée.

♦ **Ou alors.** Faire tremper 12 champignons noirs dans un bol d'eau chaude, pendant 15 min. Les égoutter, retirer la pointe un peu dure, les ciseler et les verser dans le bouillon dès qu'il bout. Si le bouillon a trop réduit, ajouter un peu d'eau de trempage des champignons. Remplacer les crevettes par 24 raviolis aux crevettes à cuire 5 min dans le bouillon. Étoffer la soupe aux crevettes ou aux raviolis de crevettes de *nouilles chinoises* (voir p. 96).

Prépa 00'
Cuisson 6'

Velouté de légume

Aux petits pois ou aux carottes, au céleri, haricots verts, courgettes, poireaux, pommes de terre... On trouve au rayon surgelé, des légumes en purée nature sans sel ni adjonction de matières grasses, présentée en minitablettes ou galets. On économisera temps d'épluchage, de vaisselle et de manipulation. Selon les légumes, il suffira d'ajouter une poignée de coriandre fraîche ou un petit morceau de gingembre râpé et votre soupe prendra des allures de préparation de grand chef.

Recette de base

Pour 6 personnes

Ingrédients
1 kg de purée de légumes nature surgelée
1,5 litre d'eau
Sel, poivre du moulin

Verser 1,5 litre d'eau chaude dans une marmite et poser sur feu fort. Saler et ajouter la purée de légumes encore surgelée. Dès l'ébullition, baisser le feu, couvrir et cuire 2 à 3 min.

♦ **Ou alors.** Enrichir de 50 g de beurre cru juste avant de servir ou de 30 cl de crème liquide. Verser la crème sur le potage fumant. En partant du centre, dessiner une jolie spirale blanche à la surface de la soupe, surtout ne pas mélanger. Parfumer l'eau de cuisson de 3 cubes de bouillon de volaille. Selon le légume choisi, parfumer la soupe d'une bonne poignée d'herbes fraîches grossièrement ciselée, ou d'épices... sans en abuser. On peut également, dans certains cas, rehausser le goût du velouté en déposant, sur la soupe cuite, quelques lardons ou tranches fines de poitrine salée revenus à sec dans une poêle à revêtement antiadhésif ou passés 30 s au micro-ondes, position maximum. Le résultat goûteux et croustillant côtoie agréablement le doux et crémeux du velouté. On peut aussi relever le velouté de parmesan râpé. ♦ **Marché.** Ces purées ne sont ni salées ni pourvues de matières grasses. L'avantage, on assaisonne les soupes comme on veut, ce qui permet de cuisiner de délicieux potages diététiques et peu caloriques. On peut également mélanger plusieurs légumes ou simplement épaissir le velouté d'un peu de purée de pommes de terre. ♦ **Déco.** Ajouter le même légume entier ou en morceaux. Une poignée de petits pois surgelés dans le velouté de pois cassés et lardons. Quelques marrons au naturel concassés grossièrement sur le velouté de châtaignes. Quelques petits bouquets de brocolis pochés et égouttés orneront le velouté de brocoli, etc. La présence des deux consistances est également très agréable au goût. ♦ **Info.** Cuisson : 6 min (2 min pour faire bouillir l'eau, 2 min pour décongeler la purée et l'assaisonner et 2 min de cuisson). C'est le minimum, compter quelques minutes de plus selon les ajouts. Toutes ces recettes prévoient 1 assiette de soupe par personne.

Variations

Velouté de brocoli ou de chou-fleur
Ingrédients : 1 kg de purée de brocolis ou de chou-fleur surgelée, 1,5 litre d'eau, 3 cubes de bouillon de volaille, 1 cuil. à café d'ail coupé surgelé, 30 cl de crème liquide, sel, poivre du moulin, 1 pincée de noix muscade en poudre pour le velouté de chou-fleur.

Velouté de carotte à la coriandre fraîche
Ingrédients : 1 kg de purée de carottes nature surgelée, 1,5 litre d'eau, 3 cubes de bouillon de volaille, 1/2 paquet (25 g) de coriandre coupée surgelée, sel, poivre du moulin.
♦ **Ou alors.** Ajouter le zeste d'1 orange. Remplacer coriandre et orange par 1/2 cuil. à café de cumin en poudre et 1/2 cuil. à café de cumin en grains. Relever de 2 gousses d'ail écrasées ou d'un peu de poudre d'ail. Décorer de persil plat ciselé.

Velouté de céleri-rave à la crème
Ingrédients : 1 kg de purée de céleri-rave nature surgelée, 1,5 litre d'eau, 30 cl de crème liquide, 1 pincée de noix muscade en poudre, sel, poivre du moulin, lardons, tranches de poitrine fumée ou nature, de coppa ou de pancetta.
♦ **Ou alors.** À la place des lardons, parfumer le velouté de parmesan râpé.

Velouté de haricot vert
Ingrédients : 1 kg de purée de haricots verts nature surgelée, 1,5 litre d'eau, 3 cubes de bouillon de volaille, 2 ou 3 gousses d'ail écrasées, sel, poivre du moulin.

SOUPES

Velouté de lentille

Ingrédients : 2 barquettes de 500 g de lentilles déjà cuites et présentées sous vide, 1,5 litres d'eau, 3 cubes de bouillon, 2 ou 3 gousses d'ail, 1 feuille de laurier, 1 petite branche de thym.

Préparer le bouillon avec l'ail, les cubes de bouillon, la feuille de laurier et la branche de thym. Pendant ce temps, mixer les lentilles pour les réduire en purée et les verser dans le bouillon. Laisser cuire sur feu moyen 5 à 10 min, retirer laurier et thym.
Accompagner de lardons, de tranches de lard...

♦ **Ou alors.** À la place des lardons, verser 20 cl de crème fraîche liquide dans la marmite. Attendre la reprise de l'ébullition et servir.

Velouté de lentille rouge au curry

Ingrédients : 400 g de lentilles rouges, 2 litres d'eau, 3 cubes de bouillon de volaille, 4 cuil. à café rases de curry en poudre, 1 cuil. à café d'ail en poudre.

Verser les lentilles en pluie dans le bouillon chaud parfumé d'ail en poudre. Baisser le feu, couvrir et éteindre quand les lentilles se sont grossièrement défaites en purée (10 min). Assaisonner de curry.

♦ **Marché.** Ces lentilles s'achètent dans les épiceries indiennes ou dans les épiceries diététiques.

Velouté de marron (châtaigne)

Ingrédients : 750 g de marrons au naturel, 1,5 litre d'eau, 2 cubes de bouillon de volaille, 15 cl de crème liquide, sel, poivre du moulin.

Préparer le bouillon, pendant ce temps, égoutter les marrons si besoin, en réserver quelques-uns entiers et passer les autres au mixeur. Verser la purée obtenue dans le bouillon et attendre la reprise de l'ébullition. Ajouter au velouté les marrons entiers réservés (grossièrement brisés) surtout si on le présente à l'assiette. Poser sur la table un pot de crème liquide.

Velouté de pois cassés et lardons

Oublier les pois cassés secs, délicieux certes, mais trop longs à cuire.

Ingrédients : 1 kg de purée de pois cassés nature surgelée, 200 g de lardons fumés, 1,5 litre d'eau, 3 cubes de bouillon de volaille, 2 cuil. à café d'ail coupé surgelé, sel, poivre du moulin.

Verser l'eau chaude dans la marmite avec l'ail encore surgelé et procéder comme pour la recette de base. Pendant la cuisson du velouté, faire revenir quelques minuscules lardons dans une poêle antiadhésive sans matières grasses. On les posera sur la soupe, une fois celle-ci versée dans une soupière ou un grand saladier.

♦ **Ou alors-Déco.** Préférer aux lardons de la poitrine fumée coupée en tranches très fines, quasi transparentes et revenues de la même manière ou passées 30 s au micro-ondes, position maximum. Elles seront croustillantes et décoreront à merveille cette soupe. Si l'on n'est pas fou du goût fumé, choisir de la poitrine salée, de la pancetta, de la coppa ou de la ventrèche. Très chic. Décorer la soupe d'une poignée de petits pois extra-fins surgelés, pochés 2 min dans de l'eau bouillante, égouttés et éparpillés sur la soupe.

Velouté de poivron au gingembre frais

Préparation : 5 min (le reste pendant la cuisson). Cuisson 25 min.
Ingrédients : 6 poivrons rouges, 1 petite boîte de tomates pelées ou de pulpe, 3 gousses d'ail, 100 g de gingembre frais, sel, poivre du moulin.

Retirer les pédoncules des poivrons, les couper en quatre, les épépiner et les rincer.

Les poser dans une marmite sur feu vif avec un peu d'eau et du sel. Dès l'ébullition, baisser le feu et couvrir.

Pendant ce temps, éplucher les gousses d'ail et les écraser au-dessus de la marmite. Peler le gingembre, le râper côté petits trous de la râpe sur les poivrons.

Les poivrons sont cuits quand la lame d'un couteau s'y enfonce sans résistance. Laisser refroidir 1 ou 2 min, passer au mixeur avec les tomates égouttées et reverser le tout dans la marmite. Replacer la marmite sur le feu pour 10 min. Détendre le coulis d'eau chaude jusqu'à la consistance souhaitée. Poivrer et rectifier l'assaisonnement. Éteindre et ajouter 1 bon trait d'huile d'olive.

Velouté de potiron à la truffe

Ingrédients : 1 kg de purée de potiron nature surgelée, 1,5 litre d'eau, 30 cl de crème liquide, 1 truffe noire, 1 pincée de noix muscade en poudre, sel, poivre du moulin.

Procéder comme pour la recette de base (voir p. 68). Râper la truffe à l'aide d'un économe ou d'une râpe à truffe. Réserver les plus belles lamelles pour décorer la soupe, recouper les autres en bâtonnets et en parfumer la soupe juste avant d'éteindre.

♦ **Ou alors.** Remplacer le potiron par un mélange moitié potiron et moitié marron ou par du potimarron. Enrichir de crème liquide et d'1 pincée de noix muscade. Relever d'un petit cœur de céleri-branche haché menu posé dans la soupière avant d'y verser le velouté fumant.

LES ŒUFS

Corses, basquaises ou espagnoles, voici quelques omelettes.
Pour un dîner improvisé d'après cinéma ou spectacle.
Dans presque tous les cas, de la cuisine du placard.
L'omelette n'est pas contrariante. Elle s'accommode aussi bien d'herbes fraîches,
de fromage râpé, de jambon ou lardons ou des trois mélangés. Ou encore
d'une poêlée de champignons, d'épinards. Les plus chics sont aux cèpes
ou aux truffes. Avec des fruits, flambée ou pas, elle devient dessert.
Baveuse, crémeuse ou cuite sur ses deux faces ; dégustée chaude ou froide...
Tout est possible.

ŒUFS

Prépa **5'**
Cuisson **15'**

Piperade

En cuisine qui dit « basquaise » entend toujours oignons, poivrons, piments, tomates et parfois ail. Eh bien la piperade n'est que cela, avec des œufs brouillés et un peu de jambon.

Pour 6 personnes

Préparation pendant
  la cuisson

Ingrédients

6 tranches de jambon
  de Bayonne
6 œufs
2 grosses boîtes
  de tomates pelées
3 grosses poignées
  d'oignons émincés
  surgelés (300 g)
6 petits poivrons doux
Huile d'olive
1 morceau de sucre
1 pincée de piment
  d'Espelette ou
  de Cayenne
Sel, poivre du moulin

✓ Dans une sauteuse, verser 1 bon filet d'huile et y faire revenir les oignons encore surgelés.

✓ Pendant ce temps : ouvrir les boîtes de tomates et les égoutter. Rincer les poivrons, les couper en deux. Les équeuter et les épépiner puis les couper en lanières dans la longueur.

✓ Quand les oignons commencent à blondir, ajouter les lanières de poivrons et faire revenir 2 à 3 min. Continuer avec les tomates, le sucre, le piment d'Espelette ou de Cayenne. Saler et cuire à découvert sur feu moyen. On doit obtenir la consistance d'une compote épaisse.

✓ Couper les tranches de jambon en deux. Poser une poêle à revêtement antiadhésif avec une larme d'huile d'olive sur feu moyen. Faire rapidement revenir sur les deux faces.

✓ Battre les œufs en omelette et les verser dans la sauteuse sur feu vif. Mélanger vivement, le temps que les œufs prennent et éteindre le feu.

✓ Verser le contenu de la sauteuse dans un grand plat creux de service et couvrir des tranches de jambon.

ŒUFS

♦ **Ou alors.** Parfumer de 2 cuil. à café d'ail surgelé, 1 pincée de thym et 1 feuille de laurier. À la place du jambon, des petites chipolatas coupées en gros tronçons ou quelques tranches de chorizo revenues à sec. C'est succulent.
♦ **Astuce.** Pour aller plus vite, remplacer les poivrons frais par l'équivalent de poivrons verts et rouges surgelés en dés.

28'
IDÉE MENU

Trucs apéro	+ Piperade	+ Salade	+ Fromage basque de brebis	+ Confiture de cerises	+ Glaces
5'	15'	8'	0'	0'	0'

Prépa 5'
Cuisson 5'

Omelette au brocciu

À la menthe et au brocciu c'est l'omelette corse. Chacun a son point de vue et son tour de main qu'il garde secret. Plus ou moins d'œufs ou de brocciu, avec ou sans menthe, baveuse ou consistante. En voici une version.

Pour 6 personnes

Ingrédients
6 gros œufs
500 g de brocciu
3 brins de persil plat
15 feuilles de menthe
1 filet d'huile d'olive
Sel, poivre du moulin

✓ Rincer les herbes, les sécher, les effeuiller et les ciseler.
✓ Battre les œufs avec du sel et du poivre.
✓ Poser une poêle moyenne sur feu vif avec l'huile d'olive, lorsqu'elle est chaude, verser les œufs, les brouiller vivement quelques secondes et baisser le feu. Émietter grossièrement le brocciu sur les œufs, ajouter les herbes ciselées. Cuire jusqu'à la consistance souhaitée (de baveuse à cuite).
✓ Plier l'omelette en deux et la faire glisser sur le plat de service.

♦ **Astuce.** En plat principal, doubler les doses et utiliser 2 poêles. Pour alléger l'omelette, battre les œufs un bon moment avec 1 filet d'eau ou de lait. ♦ **Ou alors.** Pour un mélange plus crémeux ajouter un peu de crème liquide.

24'
IDÉE MENU

Charcuteries corses	+	Omelette	+	Salade verte	+	Gâteau au chocolat
0'		10'		8'		6'

Prépa 00'
Cuisson 20'

Tortillas

**Des omelettes à l'espagnole.
En préparer au moins deux, à déguster tièdes ou froides.**

Pour 6 personnes

Ingrédients

Première omelette :
6 œufs
1 boîte de pulpe de tomate
3 cuil. à café d'ail coupé
    surgelé
Huile d'olive
Sel, poivre du moulin

Seconde omelette :
6 œufs
300 g d'épinards nature
    hachés surgelés
3 cuil. à café d'ail coupé
    surgelé
Huile d'olive
Sel, poivre du moulin

Le principe : faire suer les légumes pour qu'ils perdent une bonne partie de leur eau et qu'ils commencent à cuire. Battre les œufs, puis les jeter sur les légumes. Bien mélanger jusqu'à ce que les œufs soient pris. Au besoin couvrir pour que cela aille plus vite. Retourner l'omelette dans une assiette plate pour la présenter côté doré.

Utiliser une poêle à revêtement antiadhésif, de taille moyenne pour chaque omelette. L'omelette doit être épaisse. On cuisine les légumes dans la poêle où l'omelette va dorer.

✓ Décongeler les épinards (10 min) et les égoutter. Les presser pour retirer un maximum d'eau.

✓ Première omelette : comme pour une sauce tomate, faire revenir à la poêle la pulpe dans 2 cuil. à soupe d'huile d'olive avec l'ail surgelé, du sel et du poivre. Une bonne partie du liquide s'est évaporé, la tomate ressemble à une compote. Ajouter les œufs battus et procéder comme expliqué ci-dessus.

✓ Seconde omelette : faire revenir à feu fort les épinards avec un peu d'huile d'olive et l'ail surgelé. Saler, poivrer. Pendant ce temps, battre les œufs avec un peu de sel, les ajouter aux épinards et continuer comme précédemment.

♦ **Ou alors.** À la place des épinards ou des tomates : courgettes surgelées en rondelles et/ou 3 cuil. à soupe d'échalotes ou d'oignons coupés surgelés, vert de blette, pommes de terre coupées en dés et préalablement sautées, poêlée de champignons, herbes ciselées (persil plat, ciboulette)... ♦ **Organisation.** La première étape (avant d'incorporer les œufs) peut se préparer à l'avance et quasi simultanément pour les 2 omelettes dans 2 poêles différentes. ♦ **Info-Déco.** Penser à présenter ces tortillas sur un buffet, pour un pique-nique en entrée ou en plat. Varier les couleurs, rouge, vert, jaune.

38'
IDÉE MENU

Tortillas	+	Salade verte	+	Fromages de saison	+	Miroir à l'orange de Françoise
20'		8'		0'		10'

À BASE DE PÂTE

LES BRICKS

On sert aujourd'hui les bricks accommodées de façons farfelues voire improbables, dans de nombreux restaurants à la mode, pour le meilleur et pour le pire. L'avantage, c'est qu'on en trouve partout. Présentées dans les rayons réfrigérés, elles sont de fabrication mécanique et se gardent 3 mois au frigo. Idéales pour les débutants.

Le pliage
On peut s'amuser et varier les formes, surtout quand les farces sont différentes, ou qu'il s'agit d'un plat salé ou d'un dessert. Rouleaux plus ou moins grands et épais, genre nem, éventails, triangles... (voir dessins).
Attention, elles ont un endroit (face lisse) et un envers (face rêche).

La cuisson
À l'origine, les bricks sont plongées dans un bain de friture. C'est la méthode la plus sûre, la plus conforme, la plus goûteuse et croustillante mais pas la plus diététique.
Pour ne pas tout faire à la dernière minute, comme pour des frites, procéder en deux temps. Après un premier bain de friture, les égoutter avant qu'elles commencent à dorer. Quand les invités sont là et qu'on est prêt à passer à table, les plonger une seconde fois dans l'huile chaude, le temps de les réchauffer et de les rendre dorées et croustillantes à souhait.
Autre méthode. Farcir la brick, la plier et l'enduire de beurre fondu ou d'huile à l'aide d'un pinceau et cuire à four moyen (210/240 °C, th. 7/8), 8 à 10 min selon la grosseur et la nature de la farce.
En fond de tarte : dans un moule à tarte, superposer 2 ou 3 feuilles de brick enduites au pinceau de beurre fondu ou d'huile et remplir de la garniture de son choix. Convient à des farces compactes, pas trop liquides.

Les farces
Au fromage, à la viande ou aux légumes. Salées, sucrées, elles sont multiples, à condition de ne pas être trop fluides. Essayer, inventer, utiliser les restes et varier à l'envi formes et contenus.

1. En petit rouleau

2. En gros rouleau

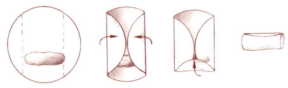

3. En petit triangle, première manière

4. En petit triangle, seconde manière

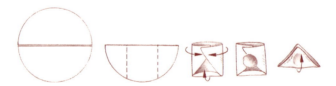

5. En grand triangle

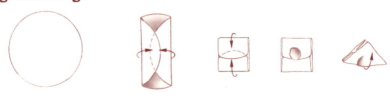

Prépa 2'
Cuisson 5'

Bricks à l'œuf

C'est un grand classique. Pour un dîner improvisé, c'est très facile et très rapide. Les enfants en raffolent. Ayez tous vos ingrédients à portée de main, ça va très vite.

Pour 6 personnes

45 s par brick

Ingrédients
6 feuilles de brick
6 œufs
Huile d'arachide
Sel, poivre du moulin

✓ Verser dans une grande poêle une bonne quantité d'huile (1 bon cm) et la chauffer à feu moyen.

✓ Détacher une feuille de brick, la poser dans une assiette creuse, casser 1 œuf en son centre, saler et poivrer légèrement, plier la feuille en deux sans la coller. La tenir droite à la verticale à la main.

✓ Poser la brick à l'œuf dans l'huile chaude. La coucher d'un côté, puis de l'autre quand le premier est bien doré. Égoutter dans une passoire sur pied ou sur du papier absorbant.

♦ **Ou alors.** On peut même effriter quelques miettes de thon (à l'huile, bien égoutté) sur l'œuf, ajouter quelques câpres et un peu de persil ciselé. ♦ **Info.** Les œufs doivent impérativement être bien frais comme pour des œufs coque. Pour un dîner complet, prévoir 2 bricks par personne. Le dîner doit absolument avoir lieu dans la cuisine, les bricks sont bonnes chaudes et refroidissent très vite. Elles doivent être dégustées au fur et à mesure de leur préparation. ♦ **Astuce.** Pour les bricks à l'œuf, nul besoin de friteuse ni d'un récipient creux, une grande poêle suffit. Il est plus prudent de doubler la feuille de brick en posant au centre, le quart ou la moitié d'une autre feuille avant de la garnir.

Prépa 8'
Cuisson 2'

Bricks au chèvre
et à la menthe de Nicolas

**Pour 6 grands
rouleaux**

Ingrédients
6 feuilles de brick
360 g de fromage de
   chèvre frais
30 feuilles de menthe
Huile d'arachide
Poivre du moulin

✓ Rincer, sécher et ciseler finement la menthe. Dans une assiette, mélanger la menthe ciselée au fromage en l'écrasant à la fourchette, bien poivrer.

✓ Détacher les feuilles de brick. Poser 1/6 de farce sur une feuille de brick à 2 cm du bord qui est près de vous. Rabattre les côtés à droite et à gauche. Rouler vers le haut et réserver (voir dessin 2, p. 80). Renouveler l'opération pour les autres bricks.

✓ Chauffer 2 cm d'huile dans une grande poêle ou une sauteuse à défaut de friteuse. Y déposer les 6 rouleaux à la fois sans qu'ils se gênent. Les frire sur toutes les faces, retirer à l'écumoire et poser sur du papier absorbant.

✓ Servir de suite avec une salade verte.

♦ **Ou alors.** À la menthe, préférer de la sauge fraîche, ou toute autre herbe. Et au chèvre, de la brousse, ricotta, brocciu... ♦ **Info.** Pour un plat principal, forcer sur les quantités. Prévoir au moins 2 rouleaux par personne. ♦ **Déco.** Plus joli mais plus long à réaliser, 24 petits rouleaux comme des nems, façonnés dans des feuilles coupées en quatre avec 15 g de fromage par pièce (voir dessin 1, p. 80).

BRICKS

Prépa 15'
Cuisson 15'

Bricks orientales
à la viande

Pour 18 bricks

Cuisson 5 min par fournée

Ingrédients
9 feuilles de brick
500 g de bœuf haché gros
200 g d'oignons surgelés
  en cubes
25 g de persil coupé
  surgelé
1 larme d'huile d'olive
Huile d'arachide
Sel, poivre du moulin

✓ Dans une petite poêle ou une casserole posée sur feu moyen, cuire à l'étouffée oignons et viande. Verser 1 larme d'huile d'olive, ajouter l'oignon encore surgelé, attendre 1 à 2 min et ajouter la viande. Saler, poivrer et cuire rapidement en remuant pour que la viande ne fasse pas d'agglomérats. L'ensemble ne doit ni attacher ni colorer. Si c'est le cas, ajouter une goutte d'eau ou à l'inverse, augmenter le feu pour que tout le jus s'évapore. Verser dans un plat creux et laisser refroidir.

✓ Pendant ce temps, détacher les bricks, les couper en deux.

✓ Dans une grande poêle (sauteuse ou friteuse) chauffer l'huile.

✓ Mélanger la farce au persil, assaisonner. Plier les bricks (voir dessins, p. 80) et les farcir.

✓ Les plonger 6 par 6 dans l'huile chaude 5 à 6 min en les retournant à mi-cuisson. Laisser dorer, retirer à l'écumoire et poser au fur et à mesure sur du papier absorbant.

✓ Servir de suite avec une salade verte aux herbes.

♦ **Ou alors.** À la place du bœuf : poulet, veau, agneau, chair de poisson ou un reste de viande. Enrichir la farce de 1 ou 2 œufs. Préférer d'autres herbes : ciboulette, coriandre, origan, romarin ou thym frais ; ail haché ou échalotes à la place de l'oignon. La relever d'épices : cumin, fenouil en poudre… L'assouplir d'un peu de mie de pain (10 cm ou 60 g de baguette ou de biscottes, préalablement trempée dans de l'eau et pressée pour retirer tout le liquide) ou d'une pomme de terre bouillie et écrasée en purée.

♦ **Astuce.** La feuille de brick dore très rapidement dans la friture. Si l'on choisit ce mode de cuisson, mieux vaut la farcir d'aliments cuits ou cuisant très vite. Avec une farce crue, préférer la cuisson au four, c'est moins goûteux mais plus rapide et plus diététique.

♦ **Déco.** Servir à l'assiette sur un lit de salade.

LES TARTES SALÉES

Avec les pâtes prêtes à l'emploi, les tartes salées sauvent les dîners improvisés.
C'est un exemple type de la bonne cuisine du frigo. En principe, si l'on est bien organisé, on a tout chez soi, pâte à tarte, œufs, fromage, crème...

La manière

Préchauffer le four : à 180/210 °C, th. 6/7 selon les fours.
Choisir un moule à tarte pouvant passer à table. Le beurrer (20 g).
Étaler la pâte dans le plat. Bien la faire remonter sur les bords du moule et l'accrocher, sinon, elle aura tendance à se rétracter. La piquer ici et là à l'aide d'une fourchette. Elle cuira mieux ensuite grâce à ces petites cheminées.
Glisser le plat avec sa pâte 5 min dans le congélateur pour l'empêcher de se rétracter à la cuisson.
Couvrir le plat de papier sulfurisé et éparpiller dessus de quoi l'empêcher de gonfler (haricots secs ou noyaux de cuisson). Glisser au four pour 10 min, c'est la « cuisson à blanc », le temps de préparer la garniture. Garnir la pâte et cuire 20 à 30 min selon la garniture.
Compter 20 min pour une cuisson complète de la pâte seule, quand la garniture n'a pas besoin de cuire – fruits trop fragiles (fraises, framboises), légumes déjà cuits (croustade aux champignons).
Autre manière : poser la garniture sans cuire la pâte au préalable et enfourner le tout pour 40 à 45 min (180 °C, th. 6).

La garniture

Quiches, tartes au fromage, aux légumes... l'appareil est en général toujours le même, avec 2 ingrédients de base, œufs (3 à 5) et crème (20 à 25 cl de crème liquide), auxquels on ajoute souvent un troisième, le fromage (100 à 150 g d'un fromage goûteux type comté ou parmesan).
Plus moelleux. Remplacer les 5 œufs par 3 œufs entiers plus 2 jaunes.
Flan salé. On oublie la pâte. On ajoute à la préparation de base, œufs/crème/fromage, 100 g de farine. On mélange à la garniture choisie. On enfourne 40 min dans le plat à tarte bien beurré ou dans des moules individuels.

Les quantités

Toutes ces recettes sont prévues pour un grand moule rond (environ 30 cm de diamètre).
8 personnes pour une tarte salée en entrée ou 6 personnes en plat principal.

TARTES SALÉES

Les pâtes surgelées

Un conseil, pour ne pas être pris de cours, ayez toujours chez vous quelques rouleaux de pâte feuilletée, sablée ou brisée. Auparavant, vous aurez testé différentes marques en vérifiant que l'emballage mentionne la qualité « pur beurre » et « en rouleau prête à dérouler ». Quand vous aurez trouvé le goût idéal, achetez-en plusieurs que vous stockerez dans le congélateur.

Ma préférence va aux marques Patrick Raulet et Picard Surgelés.

Savoir qu'il faut compter 20 min pour ramollir une pâte surgelée pré-étalée (présentée en rouleau). Alors, dès que vous arrivez chez vous, sortez la pâte du congélateur, retirez les emballages, beurrez le moule, préchauffez le four et préparez la garniture et le reste du repas.

Dérouler la pâte au fur et à mesure qu'elle ramolli. Dès qu'elle est à plat, la poser dans le moule (même et surtout si elle n'a pas fini de décongeler), la piquer et l'enfourner…

Prépa 10'
Cuisson 35'

Tarte au fromage
et aux lardons

C'est tout simplement la quiche lorraine.

Pour 6 personnes

Préparation pendant
la cuisson

Ingrédients

1 pâte feuilletée pré-étalée,
« pur beurre »
1 barquette de 200 g
de lardons fumés
20 g de beurre (moule)
150 g de comté
25 cl de crème liquide
entière
4 œufs moyens
1 pincée de noix muscade
en poudre
Sel, poivre du moulin

✓ Préchauffer le four à 210 °C, th. 7.
✓ Beurrer le moule à tarte. Étaler la pâte et la piquer à l'aide d'une fourchette. Glisser le plat 5 min dans le congélateur. Couvrir de papier sulfurisé et de haricots secs (ou noyaux de cuisson).
✓ Enfourner pour 10 min (cuisson à blanc).
✓ Pendant ce temps, râper le comté. Dans un saladier, battre les œufs, ajouter la crème liquide, le fromage râpé, du poivre au moulin et la pincée de noix muscade. Attention à ne pas trop saler, à cause des lardons et du fromage.
✓ Sortir le moule du four et déposer les lardons sur la pâte cuite puis verser la préparation.
✓ Enfourner à nouveau pour 25 min.
✓ Servir tiède avec une belle salade verte aux herbes.

♦ **Ou alors.** Remplacer les lardons par du jambon blanc coupé en lamelles ou un mélange des deux. Utiliser une pâte sablée ou brisée.

48'
IDÉE MENU

Velouté de légume	+ Tarte	+ Salade verte	+ Fromages (facultatif)	+ Compote ou fruits poêlés
10'	15'	8'	0'	15'

TARTES SALÉES
Variations

Tarte au maroilles
Mixer 200 g de maroilles avec la crème et les œufs et verser sur la pâte cuite à blanc.

Tarte aux noix et au roquefort
Ingrédients : 1 poignée de cerneaux de noix, remplacer le comté par 200 g de roquefort et 50 g de gruyère.

Pendant la cuisson à blanc de la pâte, émietter le roquefort, râper le gruyère et concasser la moitié des cerneaux de noix.

Mélanger œufs, crème, fromages et cerneaux concassés. Verser sur la pâte. Poser les cerneaux entiers, à plat sur la garniture en les enfonçant à peine. Cuire 25 min.

Servir tiède avec une belle salade verte aux herbes.

Prépa **10'**
Cuisson **35'**

Tarte à l'oignon
et au cumin

Pour 6 personnes

Préparation 5 min avant
et 5 min pendant
la cuisson

Ingrédients

1 pâte feuilletée pré-étalée,
« pur beurre »
20 g de beurre + 20 g
(moule)
750 g d'oignons émincés
surgelés
150 g de comté
4 œufs moyens
25 cl de crème liquide
entière
1 cuil. à soupe de cumin
en grains
Sel, poivre du moulin

✓ Préchauffer le four à 210 °C, th. 7.
✓ Beurrer le moule à tarte. Étaler la pâte et la piquer à l'aide
d'une fourchette. Glisser le plat 5 min dans le congélateur.
✓ Couvrir de papier sulfurisé et de haricots secs (ou noyaux
de cuisson). Enfourner pour 10 min (cuisson à blanc).
✓ Faire revenir les oignons encore surgelés dans une grande
poêle avec le beurre et 1 pincée de sel, sur feu fort (10 min).
Éteindre une fois le liquide évaporé. Surveiller la cuisson, les
oignons ne doivent pas colorer.
✓ Pendant ce temps, râper le comté. Mélanger œufs, crème,
fromage et cumin. Rectifier l'assaisonnement en sel et poivre.
Ajouter les oignons à cette préparation et verser le tout sur la
pâte cuite à blanc.
✓ Enfourner 25 min.
✓ Servir tiède avec une belle salade verte aux herbes.

Variations

Tarte aux poireaux

À la place des oignons : 6 beaux blancs de poireaux coupés en deux dans la longueur puis
en lamelles. Les cuire à l'étouffée, avec beurre et sel, sur feu doux et à couvert. Parfumer
d'1 pincée de noix muscade. Ajouter au mélange, œufs, crème, fromage et verser le tout sur
la pâte cuite à blanc.

♦ **Ou alors.** Au mélange crème/œufs, préférer une sauce béchamel (achetée toute
prête), l'enrichir de la même façon de comté râpé. Remplacer les poireaux par 8 endives émincées et revenues sans coloration avec beurre et sel.

Tarte aux légumes

Un reste de ratatouille, des courgettes, des épinards cuisinés (ou surgelés que l'on a décongelés et égouttés), se mélangent très bien à la préparation de base (œufs/crème/fromage) ou à l'équivalent de béchamel selon les légumes.

Tarte à la tomate et au chèvre

On ajoute à la préparation de base (sans le comté) la chair de 6 tomates pelées en conserve que l'on aura bien égouttées. On dispose dessus des tranches de chèvre (bûche ou crottins de Chavignol).

Tarte au saumon

Remplacer oignons et comté par 200 g de chutes de saumon fumé, 1 bouquet d'aneth ou de ciboulette, n'utiliser que 20 cl de crème liquide entière.

Pendant la cuisson à blanc de la pâte, rincer, sécher et ciseler la ciboulette ou l'aneth. Mélanger aux œufs et à la crème, saler légèrement, poivrer.

Garnir la pâte des chutes de saumon, ajouter la préparation.

Tarte aux asperges et au crabe

Remplacer oignons et comté par 1 sachet de 600 g d'asperges vertes surgelées et 1 grosse boîte de crabe.

Pendant la cuisson à blanc de la pâte, faire bouillir de l'eau, la saler et y plonger les asperges encore surgelées. 5 min après la reprise de l'ébullition, les égoutter et ne garder que les pointes. Bien égoutter le crabe, retirer le cartilage et l'émietter. Battre les œufs, ajouter la crème et la chair de crabe, saler et poivrer. Verser le mélange sur la pâte et répartir les pointes d'asperges. Cuire 25 min au four.

Tarte aux tomates, fromage et moutarde

Utiliser de la pâte feuilletée pré-étalée portant la mention « pur beurre ». Cuire la pâte « à blanc ». Enduire la pâte de moutarde de Dijon, poser les tranches de tomates et couvrir de lamelles d'un fromage goûteux : gouda, comté, emmenthal… et enfourner pour 20 min.

Prépa 6'
Cuisson 13'

La cajasse d'Anne-Marie

**C'est la version salée de la flognarde et l'équivalent rapide de la quiche.
Voici la recette traditionnelle de base. Elle peut être adaptée et enrichie.
Voir les autres tartes salées pour des idées de variations.**

Pour 6 personnes

Ingrédients
200 g de lardons fumés
    en dés
4 œufs
25 cl de crème liquide
100 g de parmesan
1 noix de beurre
4 cuil. à soupe bombées
    de farine (80 g)
1 pincée de noix muscade
    en poudre
Sel, poivre du moulin

✓ Râper le parmesan.

✓ Dans un saladier, battre les œufs, verser la farine cuillerée par cuillerée pour éviter les grumeaux, détendre le mélange avec la crème et finir par le parmesan, la noix muscade, le sel et le poivre.

✓ Dans une grande poêle à revêtement antiadhésif, faire revenir les lardons à feu moyen avec une noix de beurre.

✓ Allumer le four position gril.

✓ Lorsque les lardons sont bien dorés, glisser un tout-doux sous la poêle, baisser le feu et verser le contenu du saladier sur les lardons. Attendre que l'ensemble prenne sans remuer puis passer la poêle (le manche reste dehors) sous le gril, pendant environ 3 min, afin que la cajasse soit bien dorée.

✓ Faire glisser la cajasse sur un plat de service et déguster avec une belle salade verte aux herbes.

Prépa 10'
Cuisson 25'

Tarte aux poires
et à la fourme d'Ambert

Pour 6 personnes

Préparation pendant
la cuisson

Ingrédients
1 rouleau de pâte feuilletée
    pré-étalée « pur beurre »
5 poires
200 g de fourme
    d'Ambert
20 g de beurre (moule)
Sel, poivre du moulin

✓ Préchauffer le four à 180 °C, th. 6.
✓ Beurrer le moule à tarte. Étaler la pâte et la piquer à l'aide d'une fourchette. Glisser le plat 5 min dans le congélateur.
✓ Couvrir de papier sulfurisé et de haricots secs (ou noyaux de cuisson). Enfourner pour 15 min. La pâte doit être cuite et légèrement dorée.
✓ Pendant ce temps, retirer la croûte de la fourme et la couper en très fines lamelles. Peler et épépiner les poires puis les émincer en fines tranches.
✓ Tapisser le fond de tarte des lamelles de fourme, disposer les tranches de poires en rosace. Poivrer et enfourner pour 10 min.
✓ Servir tiède avec une belle salade verte aux herbes.

♦ **Marché.** Choisir des poires assez mûres et goûteuses type comices. ♦ **Astuce.** On peut aussi, à l'inverse, tapisser le fond de tarte de poires puis couvrir de fourme.

Prépa 10'
Cuisson 20'

Croustade
aux champignons

Pour 6 personnes

Préparation avant et
pendant la cuisson

Ingrédients

1 pâte feuilletée pré-étalée
« pur beurre »
3 barquettes de 250 g
de champignons
de Paris émincés et lavés
4 cuil. à soupe d'échalotes
coupées surgelées
3 brins de persil plat
200 g de crème fraîche
épaisse
10 g de beurre + 20 g
(moule)
Sel, poivre du moulin

✓ Préchauffer le four à 210 °C, th. 7.

✓ Beurrer le moule à tarte. Étaler la pâte et la piquer à l'aide d'une fourchette. Glisser le plat 5 min dans le congélateur.

✓ Couvrir de papier sulfurisé et de haricots secs (ou noyaux de cuisson) et cuire 20 min.

✓ Pendant ce temps, rincer, sécher, effeuiller et ciseler le persil.

✓ Faire revenir les échalotes encore surgelées dans une poêle antiadhésive avec le beurre sur feu vif. Quand elles sont translucides, ajouter les champignons. Saler, poivrer. Attendre qu'il ne reste plus d'eau dans la poêle et que les champignons dorent légèrement pour éteindre. Ajouter la crème. Mélanger, rectifier l'assaisonnement.

✓ Verser cette garniture sur la pâte cuite et décorer de persil ciselé.

✓ Déguster chaud ou tiède accompagné d'une salade.

♦ **Ou alors.** Remplacer l'échalote par de l'ail. Si l'on dispose d'un peu de temps, cuisiner un mélange de champignons, en ajoutant aux champignons de Paris (déjà émincés et lavés) une poignée de girolles, de cèpes… Plus chic : garniture aux cèpes seuls (plus ail et persil).

Tourte au reblochon

Prépa 10'
Cuisson 30'

Pour 6 personnes

Ingrédients

2 rouleaux de pâte
feuilletée pré-étalée
« pur beurre »
(2 x 250 g)
20 g de beurre (moule)
1 reblochon
1 œuf

✓ Préchauffer le four à 210 °C, th. 7.

✓ Beurrer un moule à tarte, en tapisser le fond avec une première couche de pâte, la piquer avec une fourchette.

✓ Gratter grossièrement la croûte du reblochon, surtout là où elle est la plus épaisse, le poser au milieu du plat sur la pâte et le recouvrir du deuxième cercle de pâte. Souder les bords en pinçant les extrémités des deux cercles du bout des doigts.

✓ Délayer le jaune d'œuf dans 1/2 cuil. à soupe d'eau et étaler ce mélange au pinceau ou du bout des doigts sur la surface de la tourte pour l'aider à bien dorer.

✓ Cuire 30 min au four.

✓ Servir sans attendre. Accompagner impérativement cette tourte d'une belle salade verte.

♦ **Déco.** Pour une plus jolie présentation à table, on peut strier le dessus de la pâte avec une fourchette, la tourte aura l'apparence d'une galette des rois. ♦ **Astuce.** Cette tourte se déguste chaude, à la rigueur tiède, mais jamais froide, le reblochon fige.

LES PÂTES

Le livre brûle, l'ordinateur a la mémoire qui flanche... s'il n'y avait qu'un chapitre à sauver, ce serait celui-ci. À tout problème de cuisine, il y a une réponse pâtes.
Il existe une quantité inouïe de recettes, celles-ci sont nos préférées parmi les plus rapides.
Les pâtes ont toutes les vertus.
Diététiques. Ce ne sont pas les pâtes qui font grossir mais la lourdeur de certaines sauces qui les accompagnent.
Elles permettent de faire manger des légumes aux plus récalcitrants.
Économiques. Peu chères même les plus chics, elles égailleront vos restes, soupe, ragoût, ratatouille, légumes...
Pratiques. Qui n'a pas un paquet de pâtes chez soi ? Pas le temps de faire des courses, c'est un des rares plats qui s'accommode de ce qu'il y a dans nos placards et frigo.

CE QU'IL FAUT SAVOIR

Le marché
Préférer les pâtes sèches, les bonnes pâtes fraîches sont rares (pour ma part, j'utilise des De cecco). Les formes sont multiples, à chacune d'elle la sauce qui convient.
Les indispensables des « accro » aux pâtes :
Dans les placards : pâtes, tomates pelées, en pulpe, concentré, coulis, huile d'olive, gros sel, olives, anchois et câpres. Herbes, ail et oignons.
Dans le frigo : beurre, œufs, parmesan en morceau, crème liquide longue durée, lardons.
Dans le congélo : ail coupé, oignons en cubes ou émincés, aubergines grillées.

La cuisson
Pour maîtriser la cuisson *al dente* (cuites mais fermes), les pâtes doivent cuire dans une grande quantité d'eau (1 litre d'eau pour 100 g de pâtes, plus si les pâtes sont longues). Bien saler une fois que l'eau bout (1/2 cuil. à soupe de gros sel pour 1 litre d'eau). Verser 1 filet d'huile

PÂTES

(arachide ou olive selon les recettes) dans l'eau. Jeter les pâtes dans l'eau bouillante. Attendre la reprise de l'ébullition, baisser un peu le feu. Cuire à découvert en remuant souvent pour empêcher les pâtes de s'agglutiner. Goûter fréquemment et les égoutter dès que la consistance convient.

Le temps

Les temps de cuisson varient en fonction de la qualité et de l'épaisseur des pâtes. Certaines bonnes marques indiquent les temps de cuisson sur le paquet. Dans un premier temps, les respecter, mais mieux vaut les adapter à votre goût.

Savoir que 6 litres d'eau chaude arrivent à ébullition au bout de 11 min. Comme les pâtes demandent entre 10 et 13 min de cuisson, vous disposez donc d'environ 25 min pour préparer la sauce. Les recettes sélectionnées dans ce livre respectent ces temps.

Les quantités

En accompagnement : 60 g de pâtes crues par personne.

En plat unique : 100 à 150 g de pâtes crues par personne, selon l'importance de la sauce et votre appétit.

LES PÂTES D'AILLEURS

Nouilles chinoises, vermicelles de riz, de soja...

Nouilles chinoises

À base de riz, certaines sont enrichies d'œufs.

Les plonger 6 à 8 min dans de l'eau bouillante puis les égoutter. Les laisser en attente et les ajouter au plat, une fois celui-ci cuisiné.

Pour étoffer une *Soupe chinoise* (voir p. 65), à faire sauter au wok avec des légumes, de la viande... (voir pp. 222 à 225).

Vermicelles chinois

Poser les vermicelles dans un récipient. Faire bouillir assez d'eau pour les recouvrir, saler légèrement et verser sur les vermicelles. Couvrir, attendre 4 min puis égoutter.

Les vermicelles de riz : ils deviennent blancs en cuisant. Une fois égouttés, les étaler sur un plat de service. Quand ils ont refroidi, couvrir d'un film alimentaire. Réchauffer au micro-ondes avant de servir. Voir *Bo Bun* (p. 194), *Porc au caramel* (p. 210).

Les vermicelles de soja : cuits ils restent transparents. Même mode de cuisson. Comme pour les nouilles, on les fait sauter, on les ajoute à une salade ou à une soupe.

48'
IDÉE MENU

Tomates-mozzarella	+ Pâtes	+ Salade de roquette	+ Panacotta au coulis de framboise
5'	25'	8'	10'

Prépa 5'
Cuisson 12'

Fusilli aux aubergines

Pour 6 personnes

Préparation pendant
la cuisson

Ingrédients

La sauce :
1 sachet de tranches
   d'aubergines grillées
   surgelées
3 cuil. à café d'ail surgelé
1 petite boîte de tomates
   pelées (1/2) ou de pulpe
1 morceau de sucre
100 g de parmesan
   (facultatif)
1 filet d'huile d'olive
Sel, poivre du moulin

Les pâtes :
600 g de fusilli
3 cuil. à soupe de gros sel
1 filet d'huile d'olive

✓ Sortir les aubergines du congélateur et les poser sur du papier absorbant sans qu'elles se chevauchent.

✓ Faire bouillir une grande quantité d'eau chaude. Quand elle bout, saler au gros sel, verser le filet d'huile d'olive et cuire les pâtes 12 min.

✓ Pendant ce temps dans une sauteuse, faire revenir l'ail encore surgelé dans 1 filet d'huile d'olive, sur feu doux. Dès qu'il commence à blondir, verser les tomates pelées, ajouter le morceau de sucre et saler.

✓ Couper les tranches d'aubergines en grosses lanières. Les ajouter quand la sauce a épaissi. Poivrer au moulin et réserver au chaud.

✓ Égoutter les pâtes, les verser dans la sauteuse et mélanger. Servir dans un grand plat creux, ou un saladier. Accompagner de parmesan râpé présenté à part.

♦ **Ou alors.** Parfumer la sauce d'une pincée d'herbes : thym, laurier, romarin. Persil ou basilic frais grossièrement ciselé et parsemé au moment de servir.

Prépa 5'
Cuisson 12'

Gnocchetti
à la sauce tomate minute

Encore plus rapide. La sauce ne mijote pas. Les ingrédients sont saisis, le temps de les poser dans la poêle. Le minimum du minimum. On ne peut faire plus court, plus vivant, plus basique.

Pour 6 personnes

Préparation pendant
la cuisson

Ingrédients

La sauce :
1 grosse boîte de tomates
pelées ou 2 petites
boîtes de pulpe
3 cuil. à café rases d'ail
en poudre
2 brins de basilic ou
de persil
3 cuil. à soupe d'huile
d'olive
Sel, poivre du moulin
Les pâtes :
600 g de gnocchetti sardi
3 cuil. à soupe de gros sel
1 filet d'huile d'olive

✓ Faire bouillir une grande quantité d'eau chaude. Quand elle bout, saler au gros sel, verser le filet d'huile d'olive et cuire les pâtes 12 min.

✓ Dans une grande poêle ou une sauteuse posée sur feu vif, verser l'huile d'olive, attendre 30 s et ajouter les tomates. Poudrer d'ail, saler et poivrer. Dès l'ébullition, baisser le feu et bien écraser les tomates à l'aide d'une fourchette en bois.

✓ Rincer, sécher, effeuiller et ciseler grossièrement le basilic ou le persil.

✓ Les tomates se sont écroulées, le liquide s'est en partie évaporé, éteindre et ajouter le basilic ou le persil ciselé.

✓ Dès que les pâtes sont cuites, les égoutter et les verser sur la sauce. Redonner une ébullition, bien mélanger. Servir dans un grand plat creux ou un saladier.

✓ Poser sur la table, sel, moulin à poivre et huile d'olive. On pourra arroser ces pâtes d'1 filet d'huile d'olive crue.

♦ **Ou alors.** Plus relevé et goûteux. Ajouter 2 piments oiseaux en cuisant la sauce. L'enrichir de 12 filets d'anchois à l'huile égouttés et coupés en morceaux et de 2 cuil. à soupe de câpres ou d'une poignée d'olives noires déjà dénoyautées et coupées en morceaux. Aux 2 tomates : en fin de cuisson, ajouter une douzaine de tomates séchées coupées en dés. ♦ **Marché.** En saison, utiliser de l'ail nouveau plus digeste.

Prépa 5'
Cuisson 11'

Linguine aux brocolis
et parmesan

Plat pauvre originaire des Pouilles que mon amie Sylvana a improvisé devant moi. Brocolis et pâtes cuisent ensemble.

Pour 6 personnes

Préparation pendant
la cuisson

Ingrédients

La sauce :
2 brocolis
1 gousse d'ail
200 g de parmesan
Huile d'olive
Sel, poivre du moulin

Les pâtes :
600 g de linguine
  (ou spaghetti)
3 cuil. à soupe de gros sel
1 filet d'huile d'olive

✓ Faire bouillir une grande quantité d'eau chaude. Éplucher vite la gousse d'ail et l'ajouter à l'eau.

✓ Rincer les brocolis, supprimer les plus grosses côtes et détacher les bouquets. Râper le parmesan.

✓ Quand l'eau bout, verser le gros sel et 1 filet d'huile d'olive. Plonger les pâtes puis les brocolis. Quand les pâtes sont cuites *al dente* (11 min), égoutter pâtes et brocolis ensemble.

✓ Verser dans un saladier, arroser d'1 bon filet d'huile d'olive, ajouter les 2/3 du parmesan râpé, saler, poivrer et bien mélanger.

✓ Servir tout de suite et poser sur la table le reste du parmesan, le sel, le moulin à poivre et la bouteille d'huile d'olive.

♦ **Ou alors.** Pour cette recette, on peut préférer des pâtes courtes : fusilli, penne, orecchiette...

Variations

Orecchiette au vert de blettes

Même type de recette avec des orecchiettes et des feuilles de blettes ou des épinards à la place des brocolis. Les rincer et les pocher avec les pâtes 2 min avant la fin de leur cuisson.

♦ **Ou alors.** Sécher feuilles de blettes ou d'épinards comme une salade, les couper en lanières et les faire revenir dans une poêle avec un peu d'ail dans de l'huile d'olive ou du beurre, pendant la cuisson des pâtes. Mélanger aux pâtes égouttées.

On peut utiliser des épinards en branches surgelés.

Prépa 5'
Cuisson 11'

Linguine carbonara
de Benjamin

Benjamin, mon fils aîné a une spécialité, les pâtes à la carbonara qu'il exécute comme personne.

Pour 6 personnes

Préparation pendant
  la cuisson

Ingrédients

La sauce :
200 g de lardons fumés
6 œufs (3 entiers +
    3 jaunes)
1 noix de beurre
150 g de parmesan
20 cl de crème liquide
5 cl de vin blanc sec
Poivre du moulin

Les pâtes :
600 g de linguine
3 cuil. à soupe de gros sel
1 filet d'huile d'olive

✓ Faire bouillir une grande quantité d'eau chaude. Quand elle bout, saler au gros sel, verser le filet d'huile d'olive et cuire les pâtes 11 min.

✓ Pendant ce temps, dans une grande poêle ou une sauteuse, faire revenir les lardons avec 1 petite noix de beurre. Lorsqu'ils sont bien dorés, les arroser de vin blanc et laisser évaporer sur feu vif. Le vin doit réduire de moitié.

✓ Dans le mixeur, casser 3 œufs entiers, ajouter 3 jaunes, le parmesan coupé grossièrement et la crème liquide. Mixer. Arrêter quand le mélange a l'aspect d'une sauce onctueuse. Verser dans le saladier de service.

✓ Égoutter les pâtes, les verser dans la poêle où sont les lardons, bien remuer sur feu vif et verser le tout dans le saladier sur la sauce. Poivrer abondamment au moulin, mélanger et servir aussitôt.

◆ **Ou alors.** On peut remplacer la crème fraîche par l'équivalent de beurre ; les lardons fumés par de la poitrine salée, de la pancetta, du jambon cru ou du bacon. ◆ **Astuce.** Ajouter à la sauce une louche d'eau de cuisson, les pâtes seront plus onctueuses. Si l'on ne dispose pas d'un mixeur, il suffit de râper le parmesan et de mélanger tous les ingrédients de la sauce dans le plat de service.

Prépa 8'
Cuisson 11'

Linguine sauce crue

À part les pâtes, rien à cuire, la sauce est crue et pourtant c'est un plat chaud.

Pour 6 personnes

Préparation pendant
la cuisson

Ingrédients

La sauce :
1 petite boîte de tomates
   pelées égouttées
3 gousses d'ail
1/2 bouquet d'herbes
   mélangées (persil plat,
   basilic et ciboulette)
15 olives noires
   dénoyautées
2 cuil. à soupe de câpres
   (facultatif)
12 filets d'anchois à l'huile
   d'olive (facultatif)
1 petit verre d'huile d'olive
   (10 cl)
Sel, poivre du moulin

Les pâtes :
600 g de linguine
3 cuil. à soupe de gros sel
1 filet d'huile d'olive

✓ Faire bouillir une grande quantité d'eau chaude. Quand elle bout, saler au gros sel, verser le filet d'huile d'olive et cuire les pâtes 11 min.

✓ Pendant ce temps, préparer la sauce. Au fur et à mesure de leur préparation, déposer les ingrédients dans un saladier supportant la chaleur. Égoutter les tomates et les broyer grossièrement à la main. Éplucher l'ail et l'écraser.

✓ Rincer les herbes, les sécher au torchon, les effeuiller et les ciseler.

✓ Couper les olives en petits morceaux, ainsi que les anchois. Égoutter les câpres. Assaisonner d'huile, de sel et de poivre.

✓ Égoutter les pâtes et les verser sur la sauce, mélanger et servir aussitôt.

♦ **Ou alors.** On peut préférer une herbe seule ou un mélange de deux d'entre elles. ♦ **Marché.** En saison utiliser 4 belles tomates fraîches et de l'ail nouveau plus digeste. ♦ **Astuce.** Fendre les gousses d'ail sec et en retirer le germe avant de les écraser.

Prépa 5'
Cuisson 11'

Pâtes aux gésiers confits

Pour 6 personnes

Préparation pendant
la cuisson

Ingrédients

La sauce :
10 à 12 gésiers confits avec
leur graisse d'oie
3 cuil. à café d'ail coupé
surgelé
3 brins de persil plat
Sel, poivre du moulin

Les pâtes :
600 g de tagliatelle
3 cuil. à soupe de gros sel
1 filet d'huile d'olive

✓ Faire bouillir une grande quantité d'eau chaude. Quand elle bout, saler au gros sel, verser le filet d'huile d'olive et cuire les pâtes 11 min.

✓ Pendant ce temps, préparer la sauce. Dégager les gésiers de leur graisse et les couper en lamelles. Faire fondre 3 cuil. à soupe de graisse dans une grande poêle ou une sauteuse. Lorsqu'elle est chaude, y faire doucement dorer les lamelles de gésiers avec l'ail encore surgelé.

✓ Rincer, sécher, effeuiller et ciseler le persil.

✓ Égoutter les pâtes. Puis les ajouter dans la poêle sur les gésiers, mélanger, bien poivrer. Verser dans le plat de service et décorer de persil ciselé.

♦ **Ou alors.** Remplacer l'ail par 3 cuil. à soupe d'échalotes coupées surgelées.

Prépa 2'
Cuisson 12'

Pâtes au Lillet
et au citron de Marco

Prénom, Marco ; nom, Lillet. Fils et petit-fils des inventeurs de l'apéritif du même nom, il en est aussi l'ardent défenseur.

Pour 6 personnes

Préparation pendant
la cuisson

Ingrédients

La sauce :
1 cube de bouillon de bœuf
1 cube de bouillon de
poulet
6 cuil. à soupe de Lillet
blanc
1 citron (zeste)
1 grosse noix de beurre
6 cuil. à soupe d'huile
d'olive
100 g de parmesan
(facultatif)
Sel, poivre du moulin

Les pâtes :
600 g de spaghetti
3 cuil. à soupe de gros sel
1 filet d'huile d'olive

✓ Faire bouillir une grande quantité d'eau chaude. Quand elle bout, saler au gros sel, verser le filet d'huile d'olive et cuire les pâtes 12 min.

✓ Pendant ce temps, préparer la sauce. Émietter les cubes de bouillon dans un bol et les délayer dans le Lillet. Râper le zeste du citron (côté petits trous de la râpe) au-dessus du bol.

✓ Dans une grande poêle posée sur feu doux, faire fondre le beurre avec l'huile d'olive. Verser le contenu du bol et faire revenir doucement en remuant. Poivrer largement cette sauce.

✓ Égoutter grossièrement les pâtes, les verser sur la sauce et mélanger. Servir de suite. Présenter le parmesan râpé à part.

♦ **Astuce.** Les pâtes sont bien égouttées, ajouter préalablement une louche d'eau de cuisson sur la sauce.

Pâtes aux poireaux
et cheddar de Macha

Macha, c'est la reine des pâtes. Elle leur a consacré un livre entier que je vous recommande vivement. Plus de soucis pour ses dîners, le problème est réglé, on est prévenu, elle fait des pâtes. Les jours fastes elle en propose même plusieurs. Personne ne s'en plaint, tout le monde est ravi, en redemande et attend son invitation. Depuis bien longtemps, je lui ai emprunté cette recette qui est devenu un de mes classiques.
Merci Macha !

Pour 6 personnes

Préparation avant et
    pendant la cuisson

Ingrédients

La sauce :
6 beaux poireaux
200 g de cheddar vieux
60 g de beurre
4 cuil. à soupe d'huile
    d'olive
2 cubes de bouillon de
    poulet
Sel, poivre du moulin
Les pâtes :
600 g de fusilli
2 cuil. à soupe de gros sel
1 filet d'huile d'olive

✓ Éplucher les poireaux, les couper en deux dans la longueur et retirer la partie la plus verte et épaisse. Bien les rincer et les couper en tronçons de 1 cm de largeur.
✓ Dans une sauteuse, chauffer 2 cuil. à soupe d'huile d'olive et y faire revenir les poireaux sur feu vif avec 1 cube de bouillon émietté.
✓ Délayer l'autre cube de bouillon dans un petit bol d'eau chaude et le verser sur les poireaux quand ceux-ci se sont écroulés, ajouter une noix de beurre (20 g). Couvrir et cuire jusqu'à ce que les poireaux se soient transformés en crème. Veiller à ce qu'il y ait toujours un peu de liquide au fond. Sinon, rajouter un peu d'eau chaude. Cela ne doit ni accrocher, ni prendre couleur, ni être noyé de liquide.
✓ Pendant la cuisson des poireaux, mettre l'eau des pâtes à bouillir.
✓ Râper le cheddar (côté gros trous de la râpe) et le réserver.
✓ Dans le saladier de service, verser 2 cuil. à soupe d'huile d'olive et couper le reste du beurre en morceaux.
✓ Quand l'eau bout, ajouter le gros sel, le filet d'huile et les pâtes.
✓ Lorsqu'elles sont cuites *al dente* (12 min), les égoutter, les

verser dans le saladier. Ajouter le contenu de la sauteuse, éparpiller le cheddar et bien mélanger. Rectifier l'assaisonnement, bien poivrer. Attention au sel, le bouillon a déjà bien salé les poireaux.

On peut encore enrichir les pâtes de quelques copeaux de beurre cru et d'1 trait d'huile d'olive, ajoutés sur les pâtes fumantes juste avant de les déguster.

♦ **Astuce.** Le mélange huile d'olive/beurre, très savoureux, remplace avantageusement la crème, plus écœurante. ♦ **Marché.** Le cheddar vieux est assez difficile à trouver. Le remplacer par 2/3 de cheddar qui apporte son crémeux et d'1/3 de parmesan qui corse le goût. ♦ **Ou alors.** Surgelés. On peut utiliser 1 sachet de 1 kg de poireaux surgelés en rondelles. Les verser encore surgelés dans la sauteuse et faire comme précédemment. Il faut 10 min pour que les poireaux décongèlent, lâchent leur eau et que cette eau commencent à s'évaporer. Il faudra ensuite encore 20 min pour qu'ils mijotent et se transforment en crème. En tout 30 min comme pour des poireaux frais, corvée d'épluchage et de rinçage en moins. Tout le long, écraser les poireaux pour que les rondelles se désolidarisent et s'écroulent mieux. La différence de temps est si faible que je conseille vivement de choisir des poireaux frais. Un compromis, on trouve un peu partout des blancs de poireaux frais prêts à l'emploi.

Penne aux courgettes

Pour 6 personnes

Préparation pendant
la cuisson

Ingrédients

La sauce :
6 courgettes
3 cuil. à café d'ail coupé
surgelé
1/2 cuil. à café d'origan
100 g de parmesan
6 cuil. à soupe d'huile
d'olive
Sel, poivre du moulin

Les pâtes :
500 g de penne
2 cuil. à soupe de gros sel
1 filet d'huile d'olive

✓ Faire bouillir une grande quantité d'eau chaude. Quand elle bout, saler au gros sel, verser le filet d'huile d'olive et cuire les pâtes 11 min.

✓ Pendant ce temps, rincer les courgettes, les essuyer, retirer les deux extrémités et les couper en rondelles de 3 mm d'épaisseur sans les éplucher.

✓ Dans une grande sauteuse posée sur feu moyen, faire chauffer l'huile avec l'ail encore surgelé. Dès qu'il devient transparent, ajouter les courgettes, saler et monter le feu. Faire sauter vivement les courgettes jusqu'à ce qu'elles dorent légèrement. Arrêter la cuisson si on les aime croquantes ou baisser le feu et cuire encore quelques minutes si on les préfère moelleuses. Selon que l'on choisit l'une ou l'autre option, le résultat sera radicalement différent. Dans les deux cas, les courgettes doivent rester entières. Parsemer d'origan et laisser en attente dans la sauteuse.

✓ Égoutter les pâtes et les verser dans la sauteuse sur les courgettes, poivrer au moulin et servir de suite dans un plat creux avec du parmesan râpé présenté à part.

♦ **Marché.** Choisir des courgettes pas trop grosses, à la chair ferme et à la peau brillante d'un vert bien vif. ♦ **Astuce.** Si vous aimez les courgettes presque crues, les faire revenir à feu vif sans les saler pour qu'elles ne perdent pas leur eau et restent croquantes. Saler ensuite. ♦**Info.** L'origan et la marjolaine ne font qu'un. ♦ **Ou alors.** Remplacer l'origan par du persil plat ou du basilic frais, ciselé, ajouté à la dernière minute. Autres manières : avec des *Courgettes râpées sautées à l'ail* (voir p. 136).

Prépa 3'
Cuisson 11'

Penne aux fromages

Pour 6 personnes

Préparation pendant
la cuisson

Ingrédients

La sauce :
180 g de parmesan
90 g de pecorino
90 g de gorgonzola
20 cl de crème liquide
Poivre du moulin

Les pâtes :
600 g de penne
3 cuil. à soupe de gros sel
1 filet d'huile de tournesol

✓ Sortez tous les ingrédients du frigo avant de commencer à cuisiner.

✓ Faire bouillir une grande quantité d'eau chaude. Quand elle bout, saler au gros sel, verser le filet d'huile d'olive et cuire les pâtes 11 min.

✓ Pendant ce temps, dans le saladier de service, râper (gros trous) le parmesan et le pecorino. Émietter le gorgonzola. Arroser ce mélange de crème liquide et poivrer généreusement au moulin.

✓ Égoutter grossièrement les pâtes et les verser sur les fromages. Remuer énergiquement et servir aussitôt. Ce plat est délicieux mais au bout de quelques minutes, il refroidit et se fige.

♦ **Ou alors.** 1, 2, 3 ou 4 fromages… qui peut le plus… Choisissez et dosez les fromages selon vos goûts. Quand bien même on ne disposerait que de parmesan et de crème, on se régalerait. ♦ **Marché.** Sélectionnez des fromages qui font crème en fondant. Évitez le gruyère qui fait des fils et a tendance à prendre en masse. ♦ **Astuce.** Pour allonger la sauce, et avant d'égoutter les pâtes, ajoutez 1 petite louche d'eau de cuisson bouillante sur les fromages.

Prépa 1'
Cuisson 2'

Ravioles à la crème
et à la ciboulette

Surgelées ou fraîches, elles se préparent en un tournemain.

Pour 6 personnes

Préparation pendant la
cuisson

Ingrédients

La sauce :
1 botte de ciboulette
25 cl de crème liquide
Sel, poivre du moulin

Les pâtes :
18 plaques de ravioles du
Royans
1 noix de beurre
Gros sel

✓ Faire bouillir 3 litres d'eau puis saler et ajouter la noix de beurre.

✓ Pendant ce temps, rincer, sécher et ciseler la ciboulette.

✓ Verser la crème liquide dans le saladier de service, la tiédir au micro-ondes.

✓ Plonger les ravioles dans l'eau bouillante. Au bout de 2 min, elles remontent à la surface. Attendre 10 s, elles sont cuites. Les égoutter grossièrement et les verser dans le saladier de service. Mélanger et parsemer de ciboulette ciselée.

♦ **Ou alors.** Remplacer la crème par du beurre ou un mélange des deux. ♦ **Astuce.** Si les ravioles sortent du congélateur, les détacher et les plonger dans l'eau encore surgelées. C'est encore plus facile.

Variations

Ravioles à la sauge

Ingrédients pour la sauce : 100 g de parmesan, 150 g de beurre, 12 à 18 feuilles de sauge fraîche (ou 1 cuil. à soupe de sauge séchée), poivre du moulin.

Cuire les ravioles comme précédemment.

Dans une petite casserole posée sur feu moyen, faire fondre le beurre avec la sauge.

Poser les ravioles grossièrement égouttées dans un plat creux de service, poivrer au moulin et parsemer de parmesan râpé. Arroser du beurre fondu à la sauge. Le parmesan sera légèrement saisi par la chaleur du beurre. Servir aussitôt sans mélanger.

Prépa 3'
Cuisson 12'

Spaghetti à la boutargue

La boutargue n'est rien d'autre que des œufs de mulet séchés et conservés dans de la paraffine. En Tunisie, nous la préparions à la maison. Pas un apéritif sans boutargue ni boukha (alcool blanc de figues). De ce côté-ci de la Méditerranée, elle est devenue produit de luxe.

Pour 6 personnes

Préparation pendant
la cuisson

Ingrédients

La sauce :
120 g de boutargue
1 ou 2 piments oiseaux
Huile d'olive
Sel, poivre du moulin

Les pâtes :
600 g de spaghetti
3 cuil. à soupe de gros sel
1 filet d'huile d'olive

✓ Écraser le ou les piments oiseaux. Faire bouillir une grande quantité d'eau chaude avec les piments écrasés. Quand elle bout, saler au gros sel, verser le filet d'huile d'olive et cuire les pâtes 12 min.

✓ Pendant ce temps, retirer la couche de paraffine qui enveloppe la boutargue ainsi que la fine peau qui la recouvre. Couper une vingtaine de tranches très fines, les réserver et râper le reste, côté petits trous de la râpe.

✓ Égoutter les pâtes très grossièrement (il doit rester un peu d'eau), verser dans le saladier de service. Arroser d'1 bon filet d'huile d'olive, saler légèrement (la boutargue est assez salée), bien poivrer et ajouter la boutargue râpée. Mélanger, décorer des lamelles réservées et servir aussitôt.

♦ **Astuce.** La boutargue (appelée aussi poutargue) ayant une saveur particulière et assez subtile, inutile d'ajouter des parfums trop forts qui couvriraient son goût. À la rigueur, 2 ou 3 gousses d'ail entières pelées dans l'eau de cuisson des pâtes. Surtout pas de parmesan. L'huile d'olive sera d'excellente qualité. ♦ **Info.** Cette quantité représente un petit plat de pâtes par personne. Pour un plat unique prévoir 900 g de pâtes et près de 200 g de boutargue.

PÂTES

Prépa **4'**
Cuisson **12'**

Spaghetti aglio e olio

Rien de plus simple à condition d'aimer l'ail et qu'il vous aime.

Pour 6 personnes

Préparation pendant la cuisson

Ingrédients

La sauce :
12 gousses d'ail
2 piments oiseaux
3 brins de persil plat
15 cl d'huile d'olive
100 g de parmesan
Sel, poivre du moulin

Les pâtes :
600 g de spaghetti
3 cuil. à soupe de gros sel
1 filet d'huile d'olive

✓ Faire bouillir une grande quantité d'eau chaude. Quand elle bout, saler au gros sel, verser le filet d'huile d'olive et cuire les pâtes 12 min.

✓ Pendant ce temps, peler et émincer les gousses d'ail. Dans une petite casserole, sur feu doux, faire chauffer la moitié de l'huile d'olive avec l'ail émincé et les piments. Retirer du feu quand l'ail commence à peine à dorer. Compter environ 10 min.

✓ Rincer le persil, le sécher au torchon, l'effeuiller et le ciseler grossièrement.

✓ Égoutter les pâtes, les poser dans le plat de service, verser le contenu de la casserole. Ajouter le reste d'huile d'olive, le persil ciselé, donner plusieurs tours de moulin à poivre, saler. Mélanger et servir sans attendre avec du parmesan présenté à part.

♦ **Marché.** En saison, préférer naturellement l'ail nouveau.

Prépa 4'
Cuisson 12'

Spaghetti
aux olives vertes de Laeticia

**Laeticia a 25 ans et elle cuisine comme si elle avait toujours su.
Un elfe à la silhouette frêle. Derrière ses fourneaux, elle semble insubmersible.
Le geste est sûr, le visage détendu.
On sera 2 ou... 15, qu'à cela ne tienne. Voici une de ses recettes de dîners
improvisés.**

Pour 6 personnes

Préparation pendant la
cuisson

Ingrédients

La sauce :
60 olives vertes
dénoyautées (1 bocal)
50 cl de crème fraîche
100 g de parmesan
1 filet d'huile d'olive
Sel, poivre du moulin

Les pâtes :
600 g de spaghetti
3 cuil. à soupe de gros sel
1 filet d'huile d'olive

✓ Faire bouillir une grande quantité d'eau chaude. Quand elle bout, saler au gros sel, verser le filet d'huile d'olive et cuire les pâtes 12 min.

✓ Pendant ce temps, râper le parmesan, le réserver.

✓ Égoutter les olives et les couper en rondelles. Les faire revenir dans une grande poêle ou une sauteuse avec un peu d'huile d'olive pendant 5 à 7 min. Ajouter la crème fraîche puis laisser réduire 3 ou 4 min. Bien poivrer au moulin, rectifier l'assaisonnement (attention les olives sont salées).

✓ Égoutter les spaghetti puis les verser sur la sauce aux olives (la poêle reste sur le feu), remuer, répartir le parmesan râpé, bien mélanger et servir aussitôt.

✓ Ajouter une rasade d'huile d'olive dans chaque assiette.

Prépa 12'
Cuisson 17'

Spaghetti au pesto
et aux légumes

Pour 6 personnes

Préparation pendant
la cuisson

Ingrédients

La sauce au basilic, pesto :
1 gros bouquet de basilic
3 ou 4 gousses d'ail
50 g de pignons de pin
100 g de parmesan
15 cl d'huile d'olive
Sel, poivre du moulin

Les légumes :
2 grosses pommes
de terre bintje
400 g de haricots verts
éboutés

Les pâtes :
600 g de spaghetti
3 cuil. à soupe de gros sel
1 filet d'huile d'olive

✓ Faire bouillir une grande quantité d'eau chaude. Quand elle bout, saler au gros sel, verser le filet d'huile d'olive et cuire les pâtes 12 min.

✓ Éplucher les pommes de terre, les rincer et les couper en gros tronçons. Les plonger dans l'eau de cuisson des pâtes.

✓ Rincer les haricots verts, les égoutter et les couper en gros tronçons.

✓ Quand l'eau commence à bouillir, y jeter les pâtes, 5 min après, continuer avec les haricots verts, attendre 6 min et égoutter le tout. Verser dans le saladier de service sur la sauce et bien mélanger.

✓ Pendant les moments de cuisson, préparer la sauce. Rincer, sécher, effeuiller le basilic. Couper le parmesan en gros morceaux. Peler l'ail. Poser tous les ingrédients dans le bol du mixeur au fur et à mesure qu'on les prépare. Mixer jusqu'à ce que la consistance convienne. Par à coups si l'on préfère une sauce irrégulière où l'on reconnaît encore les ingrédients qui la composent, cette version a ma préférence. Ou mixer plus longtemps pour obtenir une pâte homogène, bien lisse.

✓ Verser le pesto dans le saladier, mélanger et servir aussitôt.

♦ **Ou alors.** Ajouter 1 ou 2 courgettes émincées dans leur longueur, en tagliatelle (à l'aide d'un économe), juste après les haricots. Remplacer le parmesan par du pecorino, fromage sec de brebis. Les pignons par des amandes ou des noisettes. ♦ **Minceur.** Remplacer les pommes de terre par 3 courgettes et réduire la quantité de pâtes.

Prépa 3'
Cuisson 11'

Tagliatelle
au saumon fumé

Pour 6 personnes

Préparation pendant
la cuisson

Ingrédients

La sauce :
300 g de saumon fumé
(4 à 6 tranches selon
la grosseur)
50 cl de crème liquide
1 bouquet d'aneth
Sel, poivre du moulin

Les pâtes :
600 g de tagliatelle
3 cuil. à soupe de gros sel
1 filet d'huile d'arachide

✓ Faire bouillir une grande quantité d'eau chaude. Quand elle bout, saler au gros sel, verser le filet d'huile et cuire les pâtes 11 min.
✓ Pendant ce temps, rincer l'aneth, le sécher et le ciseler dans un bol avec des ciseaux. Découper le saumon en lanières.
✓ Tiédir la crème dans une petite casserole et la verser dans le saladier de service, saler et poivrer.
✓ Quand les pâtes sont cuites *al dente,* les égoutter et les verser dans le saladier avec les lanières de saumon et l'aneth ciselé, bien mélanger et rectifier l'assaisonnement.

♦ **Astuce.** Le parmesan n'étant pas indispensable dans cette recette, le présenter à part. Les inconditionnels se serviront.
♦ **Déco.** Décorer et enrichir ces pâtes d'œufs de saumon.
♦ **Marché.** Essayer de trouver des chutes de saumon fumé, moins cher que le saumon en tranches et bien suffisant pour cette recette. ♦ **Ou alors.** Parfumer simplement le saumon fumé d'aneth et d'huile d'olive.

LES CÉRÉALES

LE RIZ

Faisant moins l'unanimité, il en va pourtant du riz comme des pâtes. En accompagnement ou en plat unique, en risotto, les déclinaisons sont multiples.

À l'exception des risotto, utiliser du riz basmati. Parfumé naturellement, il cuit vite (à peine 15 min). On en trouve partout. « Taureau ailé » dans les grandes surfaces ou « Tilda » dans les épiceries indiennes.

Les quantités
En accompagnement : 60 à 80 g par personne.
En plat principal : 100 à 120 g par personne.

La cuisson
À peine 2 volumes de liquide pour 1 volume de riz.

Verser la quantité de riz dans un bol pour prendre la mesure de son volume. Il suffira ensuite de doubler ce volume pour avoir la bonne quantité de liquide.

– Riz blanc : le cuire comme les pâtes dans une grande quantité d'eau bouillante salée, 12 à 15 min et l'égoutter. Rien n'empêche de parfumer l'eau de cuisson : feuilles de laurier, grains de cardamome, clous de girofle, gousse d'ail, cube de bouillon...

– Riz pilaf : pour cette cuisson, préférez le bouillon à l'eau (1 cube de bouillon de volaille ou de bœuf pour 50 cl d'eau). Dans une sauteuse, faire revenir le riz avec un peu d'huile. Remuer, il devient transparent puis blanchit, verser le bouillon. Dès l'ébullition, baisser le feu, couvrir et cuire 12 à 15 min. Soulever le couvercle, goûter. Quand le riz est cuit, il ne reste plus de liquide, sa surface est couverte de petits cratères. Le résultat est goûteux, moelleux et sec à la fois.

À partir de cette base, on peut ajouter lardons, ail, oignons, petits pois extra-fins surgelés, herbes ou épices.

Ce qui met plus de temps à cuire ou ce qui ne doit pas cuire dans l'eau sera cuisiné à part et ajouté au riz une fois celui-ci cuit : oignons rissolés, lamelles de viande, de poulet, crevettes...

Prépa 5'
Cuisson 20'

Riz à l'espagnole

Pour 6 personnes

Préparation pendant
la cuisson

Ingrédients
300 g de riz basmati
1 chorizo
1 cuil. à soupe de
   concentré de tomate
200 g d'oignons émincés
   surgelés
3 cuil. à café d'ail coupé
   surgelé
100 g de petits pois extra-
   fins surgelés
1 sachet de fumet ou
   court-bouillon pour
   poissons
3 cuil. à soupe d'huile
   d'olive
1 dose de safran
Sel, poivre du moulin

✓ Dans une grande sauteuse, chauffer 2 cuil. à soupe d'huile d'olive et y faire revenir le riz avec l'ail encore surgelé.
✓ Dans un bol d'eau chaude, diluer le court-bouillon, le concentré de tomate et la dose de safran. Verser sur le riz quand il a blanchi, compléter avec de l'eau chaude (liquide = 2 fois le volume de riz) et les petits pois encore surgelés. Dès l'ébullition, baisser le feu, couvrir et cuire 12 à 15 min.
✓ Pendant ce temps, couper le chorizo en tranches et les faire revenir à sec dans une poêle à revêtement antiadhésif. Retirer à l'écumoire et réserver. Essuyer la poêle avec du papier absorbant, la reposer sur le feu et y faire rissoler les oignons encore surgelés dans 1 cuil. à soupe d'huile d'olive.
✓ Mélanger riz et oignons et décorer des tranches de chorizo.

♦ **Idéal avec.** Pour un plat complet, servir avec un poisson entier cuit au four, des filets ou des darnes de poisson poêlés nature (voir p. 174). ♦ **Organisation.** On peut préparer le riz à l'avance et le réchauffer au micro-ondes.

RIZ

Prépa 3'
Cuisson 15'

Riz au gingembre

Pour 6 personnes

Ingrédients
400 g de riz basmati
2 gousses d'ail
1 morceau de gingembre
frais (4 cm)
1,5 cube de bouillon
de volaille
2 cuil. à soupe d'huile
d'arachide
Sel, poivre du moulin

✓ Peler les gousses d'ail et le morceau de gingembre.
✓ Dans une sauteuse, faire revenir le riz avec l'huile, à feu moyen. Remuer souvent.
✓ Directement au-dessus de la sauteuse, écraser l'ail et râper le gingembre (côté gros trous de la râpe) en s'arrêtant lorsqu'on atteint la partie filandreuse.
✓ Diluer les cubes de bouillon dans de l'eau chaude.
✓ Quand le riz a blanchi, verser le bouillon (eau chaude + cubes). Porter à ébullition, baisser le feu, rectifier l'assaisonnement, couvrir et cuire 12 à 15 min.

♦ **Ou alors.** Remplacer le riz basmati par un mélange de 3 riz : riz d'Amérique, riz rouge de Camargue, riz sauvage. Prévoir de le cuire un peu plus longtemps et dans 3 fois son volume de bouillon.

Riz indien
Pour rester dans l'exotisme, un riz pilaf à l'indienne.
Le riz est d'abord revenu dans du beurre (ou un mélange beurre/huile) avec des clous de girofle, de la cardamome… On l'arrose de bouillon ou d'eau bouillante salée (2 fois le volume du riz). On parfume de laurier et, selon les goûts, de filaments de safran ajoutés à la toute fin. On mélange à peine, de façon que les grains s'en imprègnent inégalement. Pendant la cuisson du riz, dans une petite poêle à revêtement antiadhésif, on fait légèrement dorer à sec des amandes effilées, des cacahuètes ou des noix de cajou dont on enrichira ensuite le riz.
♦ **Ou alors.** Le jour où l'on dispose de plus de temps, étoffer ce riz de légumes coupés en petits morceaux (petits pois, lentilles, carottes, haricots verts, poivrons, pommes de terre).

Prépa 10'
Cuisson 15'

Riz pilaf aux oignons,
poulet et petits pois

Pour 6 personnes

Préparation avant et
pendant la cuisson

Ingrédients
400 g de riz basmati
200 g de petits pois
extra-fins surgelés
3 poignées d'oignons
émincés surgelés
3 cuil. à café d'ail coupé
surgelé
300 g de blanc de poulet
2 cubes de bouillon
de volaille
3 cuil. à soupe d'huile
d'olive
Sel, poivre du moulin

✓ Faire revenir les oignons encore surgelés dans une grande poêle sur feu vif avec la moitié de l'huile.

✓ Pendant ce temps, faire revenir le riz dans une sauteuse avec le reste d'huile et la moitié de l'ail.

✓ Quand le riz a blanchi, verser le bouillon (eau chaude + cubes). Dès la reprise de l'ébullition, ajouter les petits pois encore surgelés. Attendre de nouveau l'ébullition, baisser le feu, couvrir et cuire 10 à 12 min. Rectifier l'assaisonnement. Attention le bouillon est déjà salé.

✓ Couper le poulet en fines lamelles.

✓ Quand les oignons commencent à peine à blondir, ajouter le reste d'ail et les lamelles de poulet. Saler et faire revenir vivement 2 min, éteindre et réserver.

✓ Mélanger le contenu de la poêle et de la sauteuse. Poivrer.

♦ **Ou alors.** Remplacer l'oignon par la même quantité d'échalotes ; le poulet par 200 g de lardons fumés. Avec ou sans poulet, avec ou à la place des petits pois, pendant la cuisson du riz : faire sauter carottes, courgettes, cœurs de céleri émincés, poivron rouge en lamelles, etc. Utiliser des légumes nature surgelés ou frais en rondelles ou en julienne. Les ajouter au riz une fois cuit. Le bouillon peut être au bœuf, au poisson… Épices et herbes : relever de safran, cumin, herbes fraîches ciselées… S'inspirer du *Poulet et légumes au sésame de Lino… au wok* (voir p. 222).

RIZ
Variations

Riz façon cantonnaise

Même principe que la recette précédente avec pratiquement les mêmes ingrédients. Remplacer le poulet par 6 saucisses chinoises (150 g), réduire la quantité de petits pois (120 g) et parfumer de ciboulette.

Comme précédemment, cuire le riz avec ail, petits pois, bouillon de volaille...

Couper les saucisses en rondelles puis chaque rondelle en deux ou quatre. Faire revenir ensemble morceaux de saucisses et lamelles d'oignons. Rincer, sécher et émincer la ciboulette.

Quand le riz est cuit, mélanger les deux préparations, rectifier l'assaisonnement (attention, le bouillon et les saucisses sont déjà salés), verser dans un plat creux de service et décorer de ciboulette ciselée.

♦ **Marché.** Essayer de trouver des saucisses chinoises à la citronnelle. ♦ **Ou alors.** Remplacer les saucisses par des dés de jambon blanc. Le jour où l'on a un peu plus de temps, surtout s'il s'agit du plat principal, réaliser une omelette avec 4 œufs. Bien battre et cuire comme une crêpe, dans une grande poêle avec 1 trait d'huile, sur feu moyen. Remuer vivement la première minute puis baisser le feu et attendre que les œufs « prennent ». Tout cela va très vite, l'omelette, très fine, cuit sans prendre couleur. La faire glisser sur une planche. La laisser refroidir et la couper en larges bandes d'abord puis en lamelles. À mélanger au riz.

Le risotto

**Il n'est pas si difficile à réussir, c'est un tour de main à prendre. Il cuit en 15 à 20 min environ mais demandera toute votre attention.
Si vous êtes « débutant en risotto », mieux vaut commencer par de petites quantités. Pour cette raison, nous avons prévu des recettes pour 4 personnes. Utiliser exclusivement du riz pour risotto : carnaroli ou arborio, les plus faciles à trouver. Surtout, ne pas le rincer, son amidon va servir de liant crémeux.**

Recette de base

✓ Le riz est d'abord revenu 2 min à feu moyen dans un peu de matières grasses.
Si l'on prévoit de lui adjoindre des échalotes et/ou de l'ail, ceux-ci doivent être hachés menu ou écrasés et revenus dans la même matière grasse avant le riz. Sur feu moyen, ail, oignons ou échalotes reviennent sans coloration.
✓ Le riz va ensuite cuire dans du bouillon en l'absorbant petit à petit.
Le dispositif : sur un feu doux, 1 casserole contenant du bouillon maintenu à petits frémissements et 1 louche dans la casserole. Sur un autre feu (moyen), la sauteuse dans laquelle on a déjà fait revenir le riz.
La technique : d'une main, on remue le riz avec une cuillère en bois, de l'autre, on verse 1 louche de bouillon. Quand le riz a absorbé le liquide, avant qu'il commence à attacher, on ajoute une deuxième louche et ainsi de suite jusqu'à ce que le riz soit cuit (15 min).
Avant de verser le bouillon, on peut commencer par 1 petit verre de vin blanc sec.
Quand le riz est cuit, éteindre, ajouter 1 noix de beurre et du parmesan, remuer, couvrir 2 min et servir avec du parmesan râpé présenté à part.
Tendre à l'extérieur, légèrement ferme à l'intérieur, le risotto doit être onctueux mais ni liquide ni sec.

♦ **Info.** Pour 4 personnes. Prévoir 75 cl de liquide ou de bouillon et 250 g de riz.
♦ **Organisation.** Le risotto se cuisinant juste avant de passer à table, tout le reste doit être prêt avant. On aura préalablement lavé une salade, préparé son assaisonnement, disposé quelques bonnes charcuteries et fromages plutôt italiens sur leurs plats de service et lancé la préparation du dessert.

Prépa 3'
Cuisson 25'

Risotto aux champignons

Pour 4 personnes

Préparation pendant
la cuisson

Ingrédients

250 g de riz carnaroli ou
arborio
5 cl de vin blanc sec
1 cube de bouillon de
volaille
1 barquette de 250 g
de champignons
de Paris émincés et lavés
2 cuil. à café d'ail coupé
surgelé
3 brins de persil
100 g de parmesan
2 noix de beurre
2 cuil. à soupe d'huile
d'olive
Sel, poivre du moulin

✓ Dans une poêle, faire revenir les champignons sur feu vif avec l'huile d'olive, l'ail et du sel.

✓ Rincer, sécher, effeuiller et ciseler le persil.

✓ Au bout de 5 min les champignons sont tendres. Retirer du feu, poivrer au moulin et parsemer de persil ciselé. Les réserver en les couvrant pour qu'ils ne se dessèchent pas.

✓ Dans une casserole, préparer un bouillon de volaille léger en faisant fondre le cube dans 75 cl d'eau chaude. Porter à ébullition.

✓ Râper le parmesan.

✓ Procéder selon la technique de cuisson du risotto (voir p. 120) : faire revenir le riz 2 min avec 1 noix de beurre, verser le vin blanc, le laisser presque totalement s'évaporer puis continuer avec le bouillon, louche par louche jusqu'à la consistance souhaitée.

✓ Ajouter 1 noix de beurre, 1 cuil. à soupe de parmesan, les champignons, mélanger et couvrir 2 min.

✓ Servir avec le reste de parmesan râpé présenté à part.

Risotto aux cèpes

Remplacer avantageusement les champignons de Paris par des cèpes.

Préparer les cèpes : ne les rincer que s'ils sont très sales, sinon les essuyer avec un torchon. Si vous ne trouvez pas de cèpes frais, utilisez des cèpes séchés. Il suffit de les faire gonfler dans de l'eau froide, de les égoutter et de les faire revenir. Ne jetez surtout pas cette eau, filtrée, elle servira à faire le bouillon.

RIZ

Risotto aux truffes

Sans ail mais avec vin blanc, échalotes et truffes.

1 ou 2 truffes noires, la moitié est râpée (côté petits trous de la râpe) et mélangée au risotto cuit avant de le couvrir ; l'autre moitié est coupée en très fines lamelles et disposées sur la surface du riz, une fois celui-ci dans le plat creux de service.

Risotto aux herbes

Mêmes ingrédients de base (riz, beurre, bouillon de volaille) + 1 bouquet d'herbes mélangées (persil, ciboulette, basilic, coriandre, roquette...) + 1 jaune d'œuf. Laver les herbes, les sécher et les hacher. Préparer un bouillon de volaille. Cuire le riz comme précédemment. Ajouter à la toute fin, le jaune d'œuf, le beurre restant, la moitié du parmesan et les herbes. Poivrer au moulin, bien mélanger et couvrir.

Risotto au safran dit « à la milanaise »

Mêmes ingrédients de base (riz, beurre, bouillon de volaille) + 4 cuil. à soupe d'échalotes hachées menu surgelées, 1,5 g de safran, 12,5 cl de vin blanc sec.

Dissoudre 1 cube de bouillon de volaille dans 75 cl d'eau chaude, ajouter le safran.

Faire revenir les échalotes encore surgelées dans 1 cuil. à soupe d'huile d'olive, puis le riz, verser le vin blanc, le laisser réduire presque totalement, il n'en reste plus qu'un fond. Verser le bouillon de volaille petit à petit et cuire le riz comme précédemment, puis ajouter le beurre et la moitié du parmesan.

La tradition veut qu'on utilise de la moelle de bœuf comme matière grasse pour faire revenir ce riz milanais.

Risotto primavera (aux légumes)

Comme pour les champignons, faire revenir à part dans un peu d'huile d'olive un mélange de légumes au choix : carottes nouvelles coupées en fines lamelles, petits pois surgelés, haricots verts éboutés coupés en tronçons, oignons nouveaux émincés avec leur tige verte, ail nouveau écrasé, pointes d'asperges vertes, petites courgettes primeurs coupées en lamelles...

Faire sauter ces légumes vivement pour qu'ils restent fermes (*al dente*). Commencer par ceux qui cuisent plus longtemps avec ail et/ou oignons. Parfumer avec l'herbe fraîche de son choix. Si vous hésitez, utiliser du persil plat, vous ne vous tromperez pas (en garder un peu pour la décoration).

Cuire le riz selon la technique du risotto.

RIZ

Mélanger riz et légumes, ajouter 1 noix de beurre, un peu de parmesan, remuer et couvrir 2 min. Verser dans le plat de service et décorer avec l'herbe fraîche ciselée et réservée.

Risotto à la salsiccia (saucisse)

Ingrédients : 250 g de riz, 5 cl de vin blanc sec, 1 cube de bouillon de volaille, 2 cuil. à soupe d'échalotes coupées surgelées, 2 cuil. à soupe d'huile d'olive, 3 brins de persil, 2 noix de beurre, 100 g de parmesan, sel, poivre du moulin et 2 portions de saucisse fraîche au couteau.

Retirer le boyau de la saucisse. Faire revenir les échalotes avec la saucisse. Bien l'écraser pour émietter la chair qui a tendance à se prendre en masse. Cuire 5 min. Ajouter le riz, le faire revenir et continuer la cuisson avec le vin blanc, le bouillon, etc.

♦ **Ou alors.** S'inspirer des recettes de pâtes et les adapter au risotto : fromages, gésiers confits, courgettes…

BOULGOUR

Prépa 00'

Cuisson 15'

Boulgour au carvi

Pour 6 personnes

Ingrédients

400 g de boulgour précuit
8 cuil. à café d'ail coupé
  surgelé
6 cuil. à soupe de coulis
  de tomate
6 cuil. à soupe d'huile
  d'olive
1 cuil. à café de paprika
2 cuil. à café rases de carvi
1 cuil. à café d'harissa
  (facultatif) ou poivre
  du moulin
Sel

✓ Dans une grande poêle à revêtement antiadhésif, chauffer l'huile d'olive à feu moyen et y faire revenir rapidement l'ail encore surgelé. Celui-ci ne doit pas colorer. Verser le boulgour, augmenter le feu et faire revenir 1 min. Ajouter le paprika, le coulis de tomate, l'harissa et le carvi. Verser l'eau chaude (2 fois le volume du boulgour). Dès la reprise de l'ébullition, baisser le feu, couvrir et cuire 12 min.

✓ Si en cours de cuisson, c'est trop sec, ajouter un peu d'eau. En fin de cuisson, si ça colle un peu au fond en caramélisant, c'est encore meilleur.

◆ **Ou alors.** Utiliser 2 cuil. à soupe de concentré de tomate à la place du coulis. Remplacer le boulgour par du couscous, le carvi par du cumin, parfumer d'herbes. S'inspirer du *Riz pilaf aux oignons, poulet et petits pois* (voir p. 118) pour d'autres parfums (oignon, ail, bouillon, légumes…).

Le couscous

Prépa 00'
Cuisson 7'

Pour 6 personnes

Ingrédients
500 g de couscous fin
  précuit
2 cuil. à soupe d'huile
  d'olive
60 g de beurre
Sel

✓ Dans une sauteuse, faire bouillir de l'eau (le même volume que le couscous), puis saler et ajouter l'huile d'olive. Hors du feu, verser le couscous en pluie, mélanger et couvrir. Laisser gonfler 5 min.

✓ Écraser le couscous à la fourchette pour détacher les grains qui se sont agglutinés. Remettre la sauteuse sur feu doux et ajouter le beurre en lamelles. Mélanger tout en continuant d'écraser pour qu'il ne reste plus de grumeaux (2 min).

✓ Réchauffer au micro-ondes.

♦ **Astuce.** Verser le couscous dans un verre mesureur ou un récipient pour évaluer son volume et utiliser ensuite la bonne quantité d'eau de cuisson. ♦ **Ou alors.** Cette recette est basique, on peut remplacer l'eau par l'équivalent de bouillon, forcer les doses de beurre pour un couscous au beurre, épicer (cumin, mélange d'épices pour couscous, carvi...). ♦ **Idéal avec.** *Légumes pour couscous* (voir p. 151), *Tajines* (voir pp. 186, 218, 220, 221).

ÉPEAUTRE

Prépa 2'
Cuisson 22'

La galette d'épeautre
de Babeth

Babeth, c'est la célèbre chevrière qui outre son courageux combat pour la préservation du magnifique plateau d'Albion, fait les meilleurs fromages de chèvre du monde. Quelques illustres tables de la région ne s'y sont pas trompées en les faisant figurer en bonne place sur leur carte.

Pour 6 personnes

Ingrédients
300 g d'épeautre
2 cubes de bouillon
   de volaille
1,2 litre d'eau
100 g de parmesan
Huile d'olive
Poivre du moulin

✓ Préchauffer le four à 210 °C, th. 7. Placer la grille dans la partie supérieure du four.

✓ Passer l'épeautre au mixeur pendant 1 à 2 min. L'épeautre est coriace, on va obtenir un mélange de farine et de grains concassés.

✓ Pendant ce temps, faire couler de l'eau très chaude dans une grande casserole. Poser sur feu vif. Émietter les cubes de bouillon au-dessus de la casserole et mélanger pour bien les diluer. Râper le parmesan. Huiler un grand moule à gratin pouvant passer à table.

✓ Verser l'épeautre en pluie dans le bouillon et la cuire 7 min sur feu fort, sans cesser de remuer avec une cuillère en bois. Bien aplatir les agglomérats pour éviter les grumeaux et gratter le fond tout en remuant pour ne pas que cela accroche.

✓ Ajouter 1 filet d'huile d'olive et le parmesan. Bien mélanger, poivrer et verser le tout dans le moule. Il n'est pas nécessaire de saler, le bouillon et le parmesan le sont déjà.

✓ Glisser au four pour 15 min. 1 min avant la fin de la cuisson, si la surface n'est pas dorée, continuer la cuisson sur position gril.

✓ La consistance ressemble à celle d'un risotto. Comme pour ce dernier, poser sur la table parmesan râpé, huile d'olive et moulin à poivre.

ÉPEAUTRE

♦ **Idéal avec.** Notre amie étant végétarienne, elle accompagne cette galette d'une énorme salade de son jardin. Sur la table, plusieurs fromages de chèvre de sa fabrication, du plus frais au plus sec, quelques fruits de saison, et voilà le repas réglé. On peut également la servir avec un rôti de filet de bœuf ou un gigot d'agneau.

Variations

La galette d'épeautre aux chèvres rôtis

Mêmes ingrédients : (60 g de parmesan au lieu de 100 g) + 3 fromages de chèvre.

Pendant que l'épeautre cuit dans la casserole, couper les fromages de chèvre en deux dans l'épaisseur. Une fois que l'on a versé l'épeautre dans le moule, poser les morceaux de fromage sur la galette en les enfonçant un peu et enfourner.

♦ **Marché.** Choisir des fromages affinés mais moelleux, ni trop frais ni trop secs. ♦ **Idéal avec.** Servir avec une salade pour en faire un plat complet. ♦ **Déco.** On peut présenter ce plat dans des moules individuels.

Prépa 2'
Cuisson 6'

Polenta

Pour 6 personnes

Ingrédients

300 g de semoule de maïs
  précuite
50 g de beurre + 20 g
  (moule)
1 litre d'eau
Sel, poivre du moulin

✓ Allumer le four sur position gril.

✓ Dans une sauteuse à revêtement antiadhésif ou une casserole, faire bouillir 1 litre d'eau chaude. Pendant ce temps, beurrer (20 g) un moule moyen pouvant passer à table. Quand l'eau bout, saler, poivrer et ajouter le reste du beurre (50 g).

✓ Dès la reprise de l'ébullition, verser la polenta en pluie et remuer sans arrêt pendant 2 à 3 min jusqu'à ce qu'elle se détache des parois de la casserole.

✓ Verser la polenta dans le moule sur 1 bon cm d'épaisseur, lisser la surface avec une spatule.

✓ Glisser quelques minutes dans le four, le temps de dorer la surface.

◆ **Ou alors.** Au lait. Plus onctueux et doux. Remplacer l'eau de cuisson par du lait ou un mélange d'eau et de lait. Beurre/huile d'olive : on peut utiliser l'un ou l'autre ou mieux, un mélange des deux. Parfums : enrichir la polenta d'1 pincée de sauge, de romarin et/ou d'une dizaine d'olives noires dénoyautées et coupées en morceaux. Attention alors à saler un peu moins l'eau de cuisson. Le romarin peut être incorporé dans l'eau de cuisson pour la parfumer.

Autre manière. Préparer la polenta et la verser soit dans un plat soit sur un plan de travail préalablement huilé. Lisser la polenta à l'aide d'une spatule. Elle doit avoir 1 bon cm d'épaisseur. Laisser refroidir. Selon l'humeur, découper des rectangles, carrés, losanges ou cercles (avec un verre servant d'emporte-pièce). Dorer ces figures à la poêle sur les 2 faces dans un peu d'huile, de beurre ou un mélange des deux. Ou les faire gratiner au four avec du beurre et du fromage. ◆ **Astuce.** Autre présentation, plus simple, sans cuisson au four. Cuisiner la polenta au beurre et/ou à l'huile, avec ou sans herbes ou fromage. La verser dans un petit saladier rond préalablement huilé ou beurré. Lisser la

POLENTA

surface, attendre 1 ou 2 min et la démouler sur le plat de service. ◆ **Idéal avec.** Servir avec un plat en sauce plutôt provençal ou de l'agneau rôti. ◆ **Organisation.** La cuisson est si rapide qu'il faut préparer tous les autres ingrédients avant, beurre, fromage râpé, herbes... Si le rôti cuit dans le four, préparer la polenta et la passer sous le gril pendant que vous découperez le rôti. ◆ **Info.** Le temps de cuisson. Surtout ne vous fiez pas aux indications figurant sur le paquet. Cette semoule cuit en un rien de temps. Laissée plus longtemps sur le feu, elle se transformerait en bouillie, on ne sentirait plus les grains de la semoule.

Variations

Polenta au fromage

Incorporer 60 g de parmesan râpé dans la polenta une fois cuite et avant de la verser dans le moule. La recouvrir ensuite de fromage râpé ou coupé en fines lamelles : fontine, gruyère ou comté râpé (côté gros trous de la râpe), parmesan... et ajouter quelques noisettes de beurre avant de glisser le plat au four.

◆ **Ou alors.** Encore plus riche. Incorporer à la polenta cuite dans du lait, le parmesan râpé, 4 œufs et 20 cl de crème liquide. Bien mélanger, verser dans le moule, couvrir de fromage râpé et gratiner.

LES LÉGUMES

Quelques légumes élaborés pour le cas où le reste cuit tout seul (viande ou poisson rôti). Sinon, çà et là, solutions miracles et temps records : o minute de préparation.

AUBERGINES

Prépa **10'**
Cuisson **20'**

Aubergines à l'ail
et aux herbes

Pour 6 personnes

Ingrédients
6 petites aubergines
6 gousses d'ail
Huile d'olive
Romarin
Sel fin, gros sel, poivre
   du moulin

✓ Préchauffer le four à 210 °C, th. 7.

✓ Rincer, essuyer les aubergines. Retirer les deux extrémités et sans les éplucher, les couper en tranches épaisses dans la longueur. Les déposer au fur et à mesure dans une passoire sur pieds avec du gros sel, bien mélanger et les laisser dégorger.

✓ Pendant ce temps, éplucher l'ail et le hacher. Huiler la plaque du four.

✓ 30 min avant de passer à table. Sécher les tranches d'aubergine à l'aide de papier absorbant. Les poser sur la plaque bien serrées, répartir dessus l'ail et le romarin. Verser 1 bon trait d'huile d'olive et glisser au four pour 20 min.

♦ **Astuce.** Laisser les aubergines dégorger le plus longtemps possible, selon le temps dont on dispose (au moins 15 min, le temps de préchauffer le four). Plus rapide, cuisson au four sur position gril. La plaque sera posée ni trop près du gril, ça brûlerait, ni trop loin. ♦ **Ou alors.** On peut enrichir ces aubergines de fromage râpé (comté, parmesan) ajouté 5 min avant la fin de la cuisson.

Prépa 15'
Cuisson 45'

Aubergines
à la parmigiana

Un peu longues à cuisiner, ces aubergines sont aujourd'hui réalisables en un rien de temps, grâce aux aubergines grillées en tranches surgelées.

Pour 6 personnes

Ingrédients

3 sachets de 300 g
d'aubergines grillées en
tranches surgelées
2 boules de mozzarella
100 g de parmesan
1 trait d'huile d'olive
Sel, poivre du moulin

Coulis de tomate :
2 boîtes de pulpe
de tomate
2 cuil. à soupe rase de
concentré de tomate
4 cuil. à café d'ail coupé
surgelé
1 cuil. à soupe d'huile
d'olive
Sel, poivre

✓ Sortir immédiatement les aubergines du congélateur et les étaler sur du papier absorbant.
✓ Préchauffer le four à 210 °C, th. 7.
✓ Préparer le coulis de tomate. Dans une sauteuse ou une grande poêle verser tous les ingrédients et laisser mijoter sur feu moyen pour que le mélange épaississe.
✓ Couper la mozzarella en tranches très fines et râper le parmesan.
✓ Huiler un plat à gratin de taille moyenne à bords hauts. Tapisser le fond d'une couche d'aubergines en les faisant se chevaucher, napper de coulis, puis ajouter une couche de mozzarella, poivrer et parsemer de parmesan. Renouveler ces superpositions en terminant par une couche de coulis de tomate et de parmesan.
✓ Mettre au four 45 min et servir chaud.

♦ **Ou alors.** Plus simple et plus léger, ce plat peut aussi être préparé sans fromage. ♦ **Astuce.** Ces aubergines se présentant en tranches extrêmement fines, ne pas craindre de doubler les couches pour que le rapport légume/sauce soit équilibré. ♦ **Idéal avec.** À servir aussi bien en entrée, en légume, ou encore en repas léger avec quelques tranches de jambon cru et une salade.

Prépa 12'
Cuisson 25'

Gratin de brocolis
à la béchamel

Pour 6 personnes

Ingrédients

1 kg de brocolis (2 gros)
60 cl de béchamel
    en brique
20 g de beurre
150 g de comté
1 pincée de noix muscade
    en poudre
Sel, poivre du moulin

✓ Préchauffer le four à 210 °C, th. 7.
✓ Faire bouillir une grande quantité d'eau chaude dans une marmite puis la saler.
✓ Rincer les brocolis, séparer les petits bouquets et les cuire 8 min dans l'eau bouillante salée. Bien les égoutter et les laisser en attente sur un torchon.
✓ Pendant ce temps, beurrer un plat allant au four. Râper le comté. Le mélanger à la béchamel (en garder un peu pour en garnir la surface du plat), relever de noix muscade.
✓ Poser les brocolis dans le plat, verser la béchamel dessus puis le comté râpé réservé.
✓ Enfourner pour 25 min.
✓ Servir aussitôt dans le plat de cuisson.

♦ **Ou alors.** Remplacer les brocolis par du chou-fleur, des poireaux à cuire préalablement à l'étouffée, voir *Fondues d'endives* (p. 138). Enrichir la béchamel au fromage de 2 ou 3 jaunes d'œufs.

Prépa 8'
Cuisson 8'

Poêlée de champignons

Pour 6 personnes

Préparation pendant
la cuisson

Ingrédients

1,2 kg de champignons
de Paris émincés
(5 barquettes)
1 citron (jus)
4 cuil. à café d'ail coupé
surgelé
1/3 de bouquet de persil
plat
80 g de beurre
Sel, poivre du moulin

✓ Dans une grande poêle à revêtement antiadhésif, faire fondre le beurre avec l'ail encore surgelé. Quand il devient transparent, verser les champignons et saler. Augmenter le feu et les faire revenir 5 min en remuant souvent jusqu'à ce qu'il ne reste pratiquement plus d'eau.

✓ Pendant ce temps, rincer, sécher, effeuiller et ciseler le persil.

✓ Ajouter le persil ciselé et 1 filet de jus de citron sur les champignons, poivrer, goûter, rectifier l'assaisonnement et continuer à poêler quelques minutes, le temps qu'ils commencent à dorer légèrement.

♦ **Ou alors.** Présenter une poêlée de différents champignons.

♦ **Marché.** Il existe maintenant des champignons de Paris émincés et déjà lavés, présentés dans des barquettes de 250 g que l'on trouve au rayon frais des grandes surfaces. Pour économiser le temps des courses, on peut aussi utiliser des champignons de Paris surgelés émincés ou un mélange de champignons surgelés. ♦ **Astuce.** Si ces champignons poêlés doivent intervenir dans une farce, les couper plus finement. Les verser sur une planche et les hacher en donnant de petits coups de couteau par-ci par-là. Nettoyer des champignons frais : surtout ne pas les laisser tremper dans l'eau car comme des éponges, ils ont tendance à se gorger d'eau. Les acheter très frais sinon renoncer. Couper le bout terreux en biais, comme un crayon pour en gâcher le moins possible. S'il y a très peu de terre, les essuyer simplement au torchon, les cèpes surtout. S'il reste de la terre, les passer sous 1 mince filet d'eau froide et les essuyer immédiatement dans un torchon. Émincés ou coupés en quartiers, les arroser vite d'un jus de citron pour les empêcher de noircir. ♦ **Idéal avec.** Des pâtes ou du riz, viandes ou poissons rôtis.

Prépa 8'
Cuisson 5'

Courgettes râpées
sautées à l'ail

Pour 6 personnes

Ingrédients
6 courgettes
6 gousses d'ail
1/2 botte de persil plat
2 cuil. à soupe d'huile
    d'olive
Sel, poivre du moulin

✓ Rincer les courgettes, couper les deux extrémités et sans les éplucher, les râper, côté gros trous.

✓ Peler l'ail. Rincer le persil, le sécher, l'effeuiller, le poser dans un bol et le ciseler grossièrement avec des ciseaux.

✓ Dans une grande poêle à revêtement antiadhésif, chauffer l'huile d'olive et faire sauter les courgettes sur feu vif avec la moitié du persil ciselé et l'ail écrasé. Remuer en donnant à la poêle un mouvement d'avant en arrière ou à l'aide d'une cuillère en bois. Et ce pendant au moins 3 min ou plus selon qu'on apprécie les légumes croquants ou plus cuits. Saler et poivrer. Parsemer du reste de persil.

♦ **Ou alors.** Remplacer le persil par du basilic ou un mélange des deux, l'ail par de petits oignons frais. ♦ **Marché.** Choisir des courgettes pas trop grosses, fermes, d'un vert vif et brillant. ♦ **Astuce.** On peut râper les courgettes comme des carottes à l'aide d'un robot muni d'une grille à gros trous. Utiliser cette quantité d'ail en saison quand il est nouveau, sinon 3 gousses suffisent ou plus rapide, 3 cuil. à café d'ail coupé surgelé. ♦ **Minceur.** Avec une poêle à revêtement antiadhésif, 1/2 cuil. à soupe d'huile d'olive suffit, quitte à rajouter 1 filet d'huile d'olive crue sur les courgettes cuites.

Gratin de courgettes
à la crème

Prépa 3'
Cuisson 33'

Pour 6 personnes

Préparation pendant
la cuisson

Ingrédients

1 sachet de 1 kg de
courgettes en rondelles
surgelées
20 cl de crème liquide
2 noix de beurre
120 g de comté
1 pincée de noix muscade
en poudre
Sel, poivre du moulin

✓ Préchauffer le four à 210 °C, th. 7.

✓ Dans un faitout, faire revenir à feu vif les courgettes encore surgelées avec 1 noix de beurre et du sel. Remuer souvent pour que cela n'attache pas ni ne colore (si c'est le cas, baisser le feu). Au bout de 8 min, les courgettes sont décongelées. Baisser le feu, couvrir et cuire 5 min. Il faut que tout le liquide ait disparu sans que les courgettes attachent.

✓ Râper le comté, beurrer un plat à gratin avec le beurre restant.

✓ Quand les courgettes sont cuites, les écraser grossièrement à la fourchette avant d'ajouter la crème fraîche et le fromage râpé. Poivrer et ajouter 1 pincée de noix muscade. Mélanger. Goûter et rectifier l'assaisonnement.

✓ Verser la préparation dans le plat beurré et laisser gratiner à four chaud 20 min et servir dans le plat de cuisson.

♦ **Ou alors.** Relever le goût en ajoutant 2 poignées d'oignons émincés surgelés à faire revenir avec les courgettes.

Variations

Gratin de céleri, de potiron, d'épinards...

Réaliser d'autres gratins à partir des légumes en purée nature surgelée.

Ingrédients : 1 kg de purée de légumes surgelée, 20 cl de crème fraîche épaisse, 150 g de comté, 1 pincée de noix muscade en poudre, 1 noix de beurre, sel, poivre du moulin.

Décongeler la purée au micro-ondes (14 min). Mélanger purée, comté râpé, crème et noix muscade. Assaisonner, verser dans un plat à gratin beurré et enfourner pour 20 min.

♦ **Ou alors.** Remplacer la crème fraîche par de la béchamel en brique (50 cl). ♦ **Idéal avec.** Un rôti cuit à la cocotte ; des saucisses, du boudin ou des andouillettes poêlées pendant la cuisson de la purée.

ENDIVES

Prépa 5'
Cuisson 30'

Fondue d'endives

Endives, fenouil, oignons, poireaux, tous ces légumes « mille feuilles »
se prêtent aux cuissons à l'étouffée. Assez aqueux, le sel libère leur eau,
ils cuisent lentement dans leur jus pour atteindre une consistance
de compote onctueuse pouvant aller jusqu'au confit.
Ces fondues ou compotes de légumes se marient fort bien
avec viandes ou poissons rôtis au four.

Pour 6 personnes

Ingrédients
12 endives
60 g de beurre
1/2 citron (jus)
Sel, poivre du moulin

✓ Si besoin, retirer les premières feuilles des endives et, sans les rincer, les couper en deux dans la longueur puis en fines lamelles en tournant autour du trognon.
✓ Faire fondre le beurre dans une sauteuse y poser les endives sur feu vif, saler, remuer. Quand les endives ont perdu une partie de leur eau, baisser le feu, couvrir et cuire à l'étouffée (à feu doux, sans coloration) pendant 25 min. Les endives vont cuire dans leur jus qui va s'évaporer tout doucement au fil de la cuisson. Le légume va ainsi se compoter. Si besoin, terminer la cuisson à découvert. Arroser de jus de citron.
✓ Poivrer au moulin et servir. Les endives sont fondantes.

♦ **Marché.** Choisir des endives bien blanches et bien serrées.
♦ **Info.** Sans réclamer une attention constante, ce mode de cuisson demande à être surveillé. ♦ **Astuce.** Si cela commence à attacher au fond de la sauteuse sans que le légume soit cuit, ajouter un peu d'eau. Si au contraire il y a trop d'eau, finir la cuisson à découvert jusqu'à évaporation complète du liquide. Pour un résultat plus caramélisé, ajouter 1 cuil. à soupe de sucre en poudre, augmenter le feu et arrêter quand l'aspect convient.

ENDIVES

Variations

Fondue d'oignons, de poireaux, de poivrons, de chou...

Les préférer frais. Gros, ils sont plus rapides à rincer et à éplucher.

On peut aussi exécuter la même recette avec des oignons ou des poireaux émincés surgelés.

Chou rouge au vinaigre

Utiliser du chou rouge émincé tout prêt, présenté en sachet, à mélanger avec 4 poignées d'oignons émincés surgelés. Faire d'abord revenir à feu vif les oignons encore surgelés avec un peu de sel. Puis, continuer avec le chou. Relever d'1 trait de vinaigre de xérès. Ajouter 2 pommes épluchées et coupées en lamelles (facultatif).

Prépa 1'
Cuisson 7'

Haricots verts sautés

Pour 6 personnes

Préparation pendant
la cuisson

Ingrédients

1 kg de haricots verts
éboutés
6 cuil. à café rases d'ail
coupé surgelé
50 g de beurre
Sel fin, gros sel, poivre
du moulin

✓ Faire bouillir une grande quantité d'eau dans une marmite.
✓ Pendant ce temps, rincer les haricots verts. Saler l'eau au gros sel et y plonger les haricots. Cuire 4 min, verser dans une passoire sur pieds que l'on place sous le robinet d'eau froide le temps d'arrêter la cuisson. Puis les laisser égoutter.
✓ Faire fondre le beurre dans une grande poêle ou une sauteuse à revêtement antiadhésif. Verser l'ail encore surgelé et le faire doucement revenir, le temps qu'il décongèle sans prendre couleur. Y jeter les haricots égouttés et les faire revenir vivement sans que l'ail brunisse. Saler et poivrer au moulin.

♦ **Ou alors.** Faire de même avec 6 cuil. à soupe rases d'échalotes surgelées. Dans les deux cas, parsemer le plat de persil ou de basilic frais grossièrement ciselés. Que ce soit à l'ail ou aux échalotes, on peut ajouter 1 grosse boîte de tomates pelées, égouttées et grossièrement écrasées. À faire revenir dans la poêle avec l'ail ou les échalotes. Laisser compoter (épaissir) et ajouter les haricots verts égouttés. ♦ **Idéal avec.** Viandes et poissons rôtis ou poêlés.

Variations

Pois gourmands sautés

Pour changer des haricots verts. Les pois gourmands arrivent au début du printemps pour assez peu de temps. Pour les préparer, s'ils sont très frais, il suffit de couper les extrémités (sinon les effiler), de les rincer et de les plonger 3 à 4 min dans de l'eau bouillante salée. Les égoutter et les déguster, nature, arrosés d'1 filet d'huile d'olive et assaisonnés de sel de Guérande et de poivre du moulin.
À moins de les faire sauter comme les haricots verts.

Prépa 5'
Cuisson 15'

Petits pois
aux deux coriandres

Pour 6 personnes

Préparation : 2 min
pendant la cuisson

Ingrédients
1,5 kg de petits pois
extra-fins surgelés
2 bottes d'oignons
nouveaux
1 bouquet de coriandre
fraîche
1 cuil. à soupe de coriandre
en grains
50 g de beurre
1 trait d'huile d'olive
Sel, poivre du moulin

✓ Éplucher les oignons et garder la partie tendre des tiges vertes.

✓ Poser une sauteuse sur feu moyen, y faire fondre le beurre, ajouter l'huile et les oignons en les coupant grossièrement. Quand ils sont translucides, verser les petits pois encore surgelés avec un peu d'eau. Saler, poivrer, ajouter 1 cuil. à soupe de coriandre en grains et cuire 10 min. Pendant ce temps, rincer un petit bouquet de coriandre fraîche, la sécher, l'effeuiller et la ciseler grossièrement. En ajouter la moitié en cours de cuisson. Le reste servira à décorer le plat.

♦ **Info.** Ces petits pois extra-fins sont un des meilleurs légumes surgelés. On trouve même d'excellents petits pois bio.

variations

Couscous vert
Réduire les proportions de moitié et mélanger les petits pois aux deux coriandres à 250 g de *Couscous* (voir p. 125). Délicieux avec de l'agneau rôti.

Petits pois au beurre
On peut aussi tout simplement faire revenir les petits pois avec une grosse noix de beurre et les cuire 8 à 10 min avec un petit verre d'eau chaude.

Prévoir 100 g de beurre en tout, le reste est ajouté cru sur les petits pois fumants. Ceci est le minimum, rien n'empêche de parfumer de feuilles de laurier, de thym, d'herbes fraîches, de lardons…

♦ **Ou alors.** Cuisiner de la même façon des épinards en branche surgelés.

Prépa 3'
Cuisson 25'

Grenailles à l'ail
et au laurier de Monique

Pour 6 personnes

Ingrédients

1,2 à 1,5 kg de petites
grenailles
12 gousses d'ail
3 feuilles de laurier
6 cuil. à soupe d'huile
d'olive
Sel, poivre du moulin

✓ Rincer grenailles et gousses d'ail sans les éplucher, rincer également le laurier. Poser au fur et à mesure dans une passoire sur pieds.

✓ Faire chauffer l'huile d'olive dans une sauteuse ou une cocotte. Pendant ce temps, sécher dans un torchon ce qui a été rincé et verser le tout dans la sauteuse. Saler, poivrer et faire rissoler pendant 25 min en remuant souvent.

♦ **Ou alors.** À l'huile d'olive, préférer un mélange beurre/huile. Et au laurier, du thym ou du romarin surtout s'ils sont frais.

♦ **Marché.** Choisir les grenailles toutes petites et bien régulières.

♦ **Idéal avec.** De l'agneau ou un poulet rôti ou un poisson au four...

Prépa 5'
Cuisson 55'

Pommes de terre
au four

L'astuce, c'est de les couper en deux pour qu'elles cuisent plus vite.

Pour 6 personnes

Ingrédients
6 grosses pommes
    de terre
1 filet d'huile d'olive
Romarin
Gros sel

✓ Préchauffer le four à 200 °C, th. 6/7.

✓ Rincer les pommes de terre sans les éplucher, les essuyer, les couper en deux dans la longueur. Les poser au fur et à mesure dans un grand plat allant au four.

✓ Verser l'huile d'olive, bien mélanger avec les mains pour que chacune en soit enrobée. Les disposer peau en dessous. Saupoudrer de gros sel et de romarin et les enfourner pour 45 min.

◆ **Ou alors.** Au romarin mais aussi au thym, à l'origan ou au laurier. Enveloppées entières dans du papier alu, elles seront, une fois cuites 1 heure au four, servies avec un mélange de crème fraîche et de fines herbes. ◆ **Astuce.** Les pommes de terre sont cuites quand la lame d'un couteau les transperce sans résistance. ◆ **Marché.** Toutes les qualités de pommes de terre peuvent être utilisées, c'est une question de goût. Si on les aime sucrées, choisir la roseval, si on aime une chair ferme, préférer celles qui se tiennent. La bintje vieille ou nouvelle convient très bien. La Noirmoutier, rare et assez chère est la plus somptueuse. ◆ **Déco.** Avec la pointe d'un couteau, pratiquer des stries dans la chair, en travers, dans un sens puis dans l'autre pour obtenir un joli quadrillage en biais. Cuites, elles seront dorées avec un joli dessin sur le dessus. ◆ **Idéal avec.** Un rôti de bœuf, le four étant occupé, on le cuisinera dans une cocotte. À moins d'essayer l'*Entrecôte* ou la *Côte de veau poêlée* (voir pp. 240, 239).

Prépa 10'
Cuisson 40'

Pommes de terre
en ragoût provençal

Pour 6 personnes

Préparation pendant
   la cuisson

Ingrédients

1,5 kg de pommes de terre
   fermes (rattes,
   charlottes, roseval...)
1 petite boîte de tomates
   pelées
200 g d'olives vertes
2 poignées d'oignons
   émincés surgelés
2 cuil. à café d'ail coupé
   surgelé
150 g de lardons
3 cuil. à soupe d'huile
   d'olive
Sel, poivre du moulin

✓ Dans une cocotte ou une sauteuse, faire revenir sur feu fort les oignons encore surgelés avec l'huile d'olive et les lardons.
✓ Pendant ce temps, éplucher les pommes de terre, les rincer et les couper en gros cubes ou rondelles.
✓ Dans la cocotte, ajouter l'ail surgelé, les tomates en les pressant à pleines mains pour les écraser. Mélanger et continuer avec les pommes de terre. Le liquide des tomates doit couvrir les aliments aux 2/3, sinon compléter avec un peu d'eau. Éparpiller les olives. Poivrer et rectifier l'assaisonnement en sel. Attention, les lardons et les olives sont déjà très salés.
✓ Baisser le feu, couvrir et cuire 30 min.

♦ **Ou alors.** Parfumer ce ragoût d'une herbe, type romarin, thym frais, laurier. Essayer de trouver des olives vertes cassées au goût légèrement amer. ♦ **Idéal avec.** Un rôti ou un poisson que l'on enfourne une fois les pommes de terre en train de mijoter. Penser à préchauffer le four.

POMMES DE TERRE

Purée
de pommes de terre

Rôti/Purée, on n'a jamais fait mieux. Surtout si la purée est maison et la viande d'une qualité irréprochable. Alors, pendant que le rôti cuit au four si on faisait une bonne purée.

Pour 6 personnes

Préparation avant et après la cuisson

Ingrédients

1,5 kg de pommes de terre bintje
150 g de beurre
20 cl de crème fraîche épaisse
Sel, poivre du moulin

✓ Peler les pommes de terre, les couper en gros morceaux, les rincer et les poser dans une grande marmite. Verser de l'eau chaude, saler et cuire 15 à 20 min. Elles sont cuites quand une lame de couteau pénètre sans résistance.

✓ Penser à sortir beurre et crème du frigo.

✓ Égoutter les pommes de terre. Les verser dans un grand plat creux et les écraser à la fourchette tant qu'elles sont chaudes. Ajouter le beurre coupé en petits morceaux, la crème fraîche, le sel et le poivre en remuant tout en continuant d'écraser à la fourchette. À moins d'utiliser un presse-purée.

✓ Servir immédiatement.

♦ **Marché.** La purée se fait avec les pommes de terre les plus ordinaires (bintje) pour des raisons de consistance. ♦ **Ou alors.** On peut augmenter la quantité de beurre au détriment de la crème fraîche ou inversement. Les jours fastes, râper 1 ou 2 truffes. Dans le Midi, on remplace beurre et crème par 25 cl d'une très bonne huile d'olive et on ajoute 1 poignée d'olives noires dénoyautées que l'on coupe en fines lamelles. Détendre la purée avec 1 petit verre de lait chaud. Pour aller plus vite, nous excluons la purée en flocons mais nous concédons la purée nature surgelée comme un moindre mal. ♦ **Astuce.** Si vous préférez la méthode traditionnelle, écraser les pommes de terre au moulin à légumes (grille fine) au-dessus d'un saladier. Si on a

POMMES DE TERRE

du mal à tourner, verser un peu de lait tiédi (au micro-ondes) dans le moulin à légumes. N'utilisez en aucun cas un mixeur, la purée deviendrait élastique. On dit qu'il faut éviter de réchauffer la purée, c'est vrai. Mais comme on est pressé, la recouvrir de film alimentaire et la glisser 2 min au micro-ondes, position maximum. Mais n'allez pas vous en vanter.

Prépa 11'
Cuisson 30'

Tartiflette

En souvenir des sports d'hiver, à pratiquer uniquement avec de bons copains et sans façon.

Pour 6 personnes

Préparation avant et
pendant la cuisson

Ingrédients

1,2 kg de pommes de terre
3 poignées d'oignons
émincés surgelés
300 g de lardons fumés
2 cubes de bouillon de
bœuf
1 reblochon
2 noix de beurre
1 cuil. à soupe d'huile
d'arachide
Sel, poivre du moulin

✓ Préchauffer le four à 210 °C, th. 7.

✓ Dissoudre les cubes de bouillon dans un verre d'eau chaude et verser dans une marmite posée sur feu fort. Éplucher les pommes de terre, les rincer et les couper en rondelles directement dans la marmite. Recouvrir d'eau chaude au ras des rondelles de pommes de terre. Attendre l'ébullition, baisser le feu, couvrir et cuire 15 min.

✓ Pendant ce temps, faire revenir, à feu vif, les oignons émincés encore surgelés et les lardons dans une poêle à revêtement antiadhésif avec l'huile et 1 noix de beurre. Attendre jusqu'à ce que cela dore légèrement.

✓ Gratter superficiellement la croûte du reblochon. Le couper en deux dans l'épaisseur.

✓ Beurrer un grand plat à gratin avec le beurre restant.

✓ Égoutter les pommes de terre, les mélanger aux oignons et aux lardons dans un saladier. Rectifier l'assaisonnement et verser le tout dans le plat à gratin. Poser les demi-reblochon dessus. Enfourner pour 15 min.

♦ **Info.** Les vrais amateurs laissent toute la croûte du reblochon, c'est plus goûteux. D'autres, au contraire, la retirent complètement, c'est plus doux. ♦ **Idéal avec.** Une salade verte.

33'
IDÉE MENU

Trucs apéro	+	Tartiflette	+	Salade verte	+	Glaces
5'		20'		8'		0'

Prèpa 10'
Cuisson 15'

Clafoutis
aux tomates cerises

Pour 6 personnes

Ingrédients

400 g de tomates cerises
   (pas trop petites)
12 œufs
10 cl de crème liquide
20 g de beurre
80 g de parmesan
1 petite pincée de piment
   de Cayenne
Sel

✓ Préchauffer le four à 210 °C, th. 7.
✓ Beurrer un plat allant au four. Équeuter les tomates, les rincer dans une passoire sur pieds et les sécher dans un torchon. Les couper en deux et les poser au fur et à mesure dans le plat, côté bombé au-dessus en les serrant bien. Râper le parmesan.
✓ Dans un saladier, battre les œufs en omelette, ajouter crème, parmesan râpé et la pincée de piment de Cayenne. Saler et mélanger. Verser sur les tomates et enfourner pour 15 min, le temps que les œufs soient pris.
✓ Servir dans le plat de cuisson.

♦ **Idéal avec.** Une viande rôtie à la cocotte.

TOMATES

Prépa 8'
Cuisson 30'

Tomates à la provençale

Deux cuissons possibles. À la poêle, plus rapide mais à surveiller. Au four, plus long mais tranquille.

Pour 6 personnes

Préparation avant et
    pendant la cuisson

Ingrédients

12 tomates
6 cuil. à soupe rases d'ail
    coupé surgelé
1 petit verre d'huile d'olive
1 bouquet de persil plat
Sel, poivre du moulin

✓ Rincer les tomates et les essuyer. Les couper en deux dans la largeur, saupoudrer chaque moitié de sel et les retourner sur une double épaisseur de papier absorbant.

À la poêle : faire chauffer un fond d'huile d'olive dans 2 grandes poêles et y poser les tomates bien serrées côté chair. Augmenter le feu, parsemer d'ail et attendre que l'eau des tomates ait presque complètement disparu. Retourner les tomates, baisser le feu et cuire 15 à 20 min.
✓ Pendant ce temps, rincer le persil, le sécher, l'effeuiller et le ciseler finement.
✓ Quand les tomates sont bien rissolées, les poser dans le plat de service, poivrer et décorer de persil.

Au four : préchauffer le four à 180 °C, th. 6.
✓ Rincer le persil, le sécher, l'effeuiller. Le ciseler finement et le mélanger à l'ail coupé.
✓ Huiler un grand plat allant au four, poser les tomates bien serrées, côté peau au fond du plat. Arroser d'1 mince filet d'huile d'olive et parsemer du mélange ail, persil. Poivrer et mettre au four pour au moins 30 min. Plus longtemps on les laissera, meilleures elles seront. Les tomates doivent cuire, dorer voire confire mais sans noircir.
✓ Servir dans le plat de cuisson.

♦ **Astuce.** Ajouter 1 cuil. à soupe de sucre en poudre sur les tomates pour les aider à caraméliser. ♦ **Idéal avec.** Viandes et poissons rôtis.

Prépa 10'
Cuisson 35'

Curry de légumes

Un curry de légumes pour accompagner d'autres currys, une viande rôtie ou un poisson au four.

Pour 6 personnes

Préparation pendant
la cuisson

Ingrédients
1 bon kg de légumes
nature
3 poignées d'oignons
émincés surgelés
3 cuil. à café rases d'ail
coupé surgelé
1/2 bouquet de coriandre
1 cuil. à soupe de
concentré de tomate
2 cuil. à soupe de curry en
poudre
Huile d'arachide + beurre
Sel, poivre du moulin

✓ Dans une grande sauteuse, chauffer l'huile et le beurre et y faire revenir l'oignon et l'ail encore surgelés. Quand il n'y a plus de liquide ajouter le curry, le ou les légumes puis le concentré de tomate dilué dans un 1/2 verre d'eau. Rectifier l'assaisonnement, porter à ébullition, baisser le feu, couvrir et laisser mijoter environ 20 min.

✓ Pendant ce temps, rincer, sécher et ciseler grossièrement la coriandre fraîche. En décorer le plat au moment de servir.

♦ **Marché.** Les légumes. Aubergines (4 à 6) : épluchées et coupées en dés. Quand elles sont réduites en purée, ajouter 20 cl de crème liquide. Pommes de terre épluchées et coupées en gros dés. Épinards : surgelés en branche ou hachés. Lentilles rouges (500 g) ou « dhall ». Elles cuisent très vite et finissent par se transformer en purée. On les trouve dans les épiceries indiennes ou les boutiques de produits diététiques. Mélange de légumes frais et/ou surgelés. Selon les goûts : 1 poignée de carottes en rondelles, de bouquets de choux-fleurs ou de brocolis, de petits pois, de courgettes, de quartiers de fenouil, de poivrons en dés... Commencer par faire revenir les plus longs à cuire comme les carottes et continuer avec tous les autres. On verse les poignées encore surgelées. ♦ **Info.** Compter entre 5 et 15 min de préparation selon les légumes choisis. ♦ **Ou alors.** On peut remplacer la poudre de curry par 2 cuil. à café de gingembre en poudre et 1 cuil. à soupe de garam massala (autre mélange d'épices).

Prépa 5'
Cuisson 45'

Légumes pour couscous

À part le cœur de céleri, tous les légumes de cette recette existent surgelés ou en conserve. Si l'on a un peu de temps pour quelques légumes frais, privilégier ceux dont la cuisson est courte comme les courgettes et que vous pourrez préparer pendant que les autres cuisent.

Pour 6 personnes

Préparation pendant la cuisson

Ingrédients
2 courgettes
1 cœur de céleri
6 fonds d'artichauts surgelés
300 g de carottes surgelées
300 g de poivrons en dés surgelés
6 navets surgelés
2 poignées d'oignons émincés surgelés
4 cuil. à café d'ail coupé surgelé
1 petite boîte de tomates pelées ou de pulpe
1 petite boîte de pois chiches
2 cubes de bouillon de poulet
5 cl d'huile d'olive
1 cuil. à soupe de paprika
Sel, poivre du moulin

✓ Dans une cocotte, faire revenir, à feu vif, les oignons encore surgelés avec l'huile d'olive.

✓ Pendant ce temps, rincer le cœur de céleri et l'émincer finement.

✓ Quand les oignons sont transparents, ajouter hors du feu, le paprika puis les dés de poivrons, l'ail et le céleri émincé. Remettre sur feu vif, saler, poivrer et laisser revenir 2 min. Continuer avec les carottes et les navets (2 min) et ajouter les tomates.

✓ Dissoudre les cubes de bouillon dans un bol d'eau très chaude et verser dans la cocotte. Le bouillon ne doit surtout pas noyer l'ensemble, il doit arriver au 2/3 des aliments. Couvrir, baisser le feu et cuire 15 min.

✓ Pendant ce temps. Sortir les fonds d'artichauts et dès qu'ils commencent à ramollir, les couper en deux. Retirer les extrémités des courgettes, les éplucher une bande sur deux avec un économe et les rincer. Les couper en deux dans la longueur puis en gros tronçons. Ouvrir la boîte de pois chiches, les égoutter et les rincer dans une passoire.

✓ Ajouter fonds d'artichauts, tronçons de courgettes et pois chiches dans la cocotte et laisser cuire 20 min.

♦ **Ou alors.** Ajouter 1 tranche de potiron épluchée et coupée en morceaux avec la deuxième série de légumes (courgettes…).

♦ **Organisation.** Dans les intervalles de cuisson, préparer la graine du *Couscous* (voir p. 125) et enfourner 2 petites épaules d'agneau, ou bien poêler une douzaine de merguez.

Prépa 00'
Cuisson 15'

Purées de légumes

Sans scrupules, on utilisera tous les légumes en purée nature vendus au rayon surgelé : carottes, céleri-rave, haricots verts, brocolis, pois cassés, potiron. Outre l'utilisation de beurre et de crème, s'inspirer des recettes des *Veloutés de légumes* (voir p. 68) pour des idées d'associations légumes/épices ou herbes (cumin, coriandre, muscade...).

Pour 6 personnes

Ingrédients
1,2 kg de purée de
    légumes nature surgelée
150 g de beurre ou 20 cl
    de crème
Sel, poivre du moulin

✓ Décongeler et réchauffer au micro-ondes la purée dans le saladier de service.
✓ Assaisonner avec du beurre, de la crème ou un mélange des deux. Saler, poivrer et bien mélanger.

♦ **Info.** Compter 15 min pour décongeler et réchauffer cette quantité de purée au micro-ondes. ♦ **Idéal avec.** Viandes et poissons poêlés ou rôtis.

Variations

Purée de marrons

Servie seule ou avec une autre purée pour accompagner magrets de canard rôtis, boudins...
Ingrédients : 1 kg de marrons au naturel, 40 cl de crème fraîche à 15 %, sel, poivre du moulin.
Sortir la crème du frigo. Passer les marrons égouttés au mixeur. Verser la purée dans un saladier en verre et la réchauffer 1 à 2 min au micro-ondes. Ajouter la crème fraîche, saler et poivrer.

♦ **Astuce.** La purée de marrons étant très compacte, il faut beaucoup de crème pour l'assouplir. C'est pourquoi, nous suggérons une crème plus légère. Si l'on préfère une crème entière, en utiliser 20 à 25 cl et détendre la purée avec un peu de lait jusqu'à la consistance souhaitée. Comme pour la purée de pommes de terre assaisonner au choix à la crème, au beurre ou préférer un mélange des deux.

Prépa 10'
Cuisson 5'

Tagliatelle
de légumes croquants

C'est la version *al dente* des crudités. Selon le temps dont on dispose, on choisira un légume ou un assortiment de deux ou plus selon les goûts, le mélange de couleurs... Pour accompagner poisson, viande ou volaille cuits nature au four.

Pour 6 personnes

Ingrédients
3 carottes
3 courgettes moyennes
1 concombre
1 bouquet de cerfeuil
1 botte de ciboulette
Huile d'olive
Sel fin, gros sel, poivre
    du moulin

✓ Mettre une grande quantité d'eau à bouillir comme pour des pâtes.

✓ Pendant ce temps, peler les carottes, couper les extrémités des courgettes et du concombre. Rincer. À l'aide d'un économe, couper des lanières dans la longueur. Rincer les herbes, les sécher. Couper les plus grosses tiges du cerfeuil et ciseler la ciboulette en longs tronçons. Réserver.

✓ Quand l'eau bout, saler au gros sel et plonger d'abord les carottes, elles sont plus longues à cuire. Attendre 2 min et continuer avec les courgettes et les concombres pour 2 min.

✓ Égoutter rapidement, verser dans un plat de service et arroser d'1 filet d'huile d'olive. Saler au gros sel et poivrer. Décorer des herbes et servir aussitôt.

♦ **Ou alors.** On peut aussi déposer 1 belle noix de beurre cru sur les légumes fumants. À l'huile ou au beurre, parsemer d'un peu de cumin en grains. Supprimer le cerfeuil. Question d'esthétique mais aussi de temps : couper les légumes en tronçons, tranches, bâtonnets... Dans ce cas, on peut cuisiner ainsi (pochés *al dente*) d'autres légumes : asperges vertes, bouquets de brocoli ou de chou-fleur, fenouil, haricots verts, navets, pois gourmands...

LES POISSONS

Vous avez, bien sûr, de bons commerçants et vous êtes naturellement
une très bonne cliente. Alors, avec le sourire et le plus aimablement du monde,
n'hésitez pas à demander à votre poissonnier de préparer les poissons
selon la recette prévue.
Écailler, nettoyer mais aussi, lever des filets avec ou sans peau,
retirer les arêtes d'un poisson pour pouvoir ensuite le farcir,
le fourrer d'aneth, le couper en cubes ou en lamelles ou l'émincer en carpaccio...
Il se fera un plaisir de vous satisfaire.

CE QU'IL FAUT SAVOIR

Le marché
Reconnaître la fraîcheur : œil (bombé) et ouïes brillants. Chair ferme, si l'on passe le doigt
sur la peau, celle-ci est légèrement visqueuse. Odeur iodée bien fraîche, bien agréable.
Préférer toujours les poissons de ligne aux poissons d'élevage, plus chers certes mais
infiniment plus savoureux.

Les quantités
On compte environ 200 g de chair de poisson par personne en moyenne. Si le poisson
est entier, prévoir un peu plus à cause des déchets (tête, arêtes...).

La cuisson
Moins on le cuit, meilleur il est. Trop cuit, il perd ses saveurs et son moelleux.
Ses goûts sont subtils, attention à ne pas les écraser par un assaisonnement trop fort ou
des sauces trop lourdes. Il s'accommode mieux de la plus grande simplicité.
Ses chairs délicates supportent mal le contact direct avec une chaleur trop forte.
Quand on rentre chez soi, ne pas le ranger au frigo, le laisser à température ambiante.
Pour faire aimer le poisson, suivre le marché et varier les cuissons. Poché, à la nage, frit,
grillé, poêlé, à la vapeur, en papillote. De quoi surprendre et régaler.

Prépa 5'
Cuisson 35'

Quenelles de brochet

On se damnerait pour de bonnes quenelles quand le hasard nous conduit à Lyon ou dans ses environs. Et ensuite, loin des yeux, loin du cœur. Qui n'a pas l'horrible souvenir de cantine d'un magma mou et rosâtre au nom de quenelle... Les temps ont changé. Les meilleurs quenelles, les vraies, les délicieuses, les authentiques se trouvent un peu partout. La célèbre maison Giraudet a même décidé d'ouvrir boutique hors les murs.

Pour 6 personnes

Ingrédients
18 quenelles de brochet de
    50 g
1 litre de béchamel
    (2 briques de 50 cl)
20 g de beurre (moule)

✓ Préchauffer le four à 240 °C, th. 8.
✓ Placer les quenelles dans un plat à gratin beurré. Bien les espacer car elles vont gonfler et presque doubler de volume. Les arroser de béchamel. Si la béchamel est trop épaisse, la détendre avec un peu de lait.
✓ Glisser au four pour 35 min.

♦ **Ou alors.** La béchamel : la goûter et au besoin, la relever d'1 pincée de noix muscade en poudre, d'1 cuil. à soupe rase de curry en poudre et de 3 jaunes d'œufs. L'enrichir de 100 g de comté (ou gruyère) râpé. ♦ **Info.** Les mêmes quenelles se présentent sous différentes tailles. On peut les préparer entières ou coupées en tranches épaisses. Dans ce cas, choisir les plus grosses. Elles sont nature, au brochet, à la volaille, aux morilles, à la truffe. Si l'on choisit de présenter un assortiment de plusieurs quenelles, les servir avec une béchamel, plus consensuelle. Compter 10 cl de sauce pour 100 g de quenelles. ♦ **Marché.** Il existe dans le commerce d'assez bonnes sauces béchamel, présentées en brique. Comme elles se conservent longtemps, il n'est pas inutile d'en avoir toujours une ou deux dans ses placards.

30'
IDÉE MENU

Betteraves, pommes fruits	+	Quenelles	+	Salade aux herbes	+	Fromages	+	Sorbets
15'		5'		10'		0'		0'

Prépa 10'
Cuisson 20'

Aïoli de crevettes

Cette fois, pas question de morue. Voici donc un aïoli revisité et simplifié à l'extrême. La table, couverte de toutes sortes de choses colorées ne manquera pas d'allure.

Pour 6 personnes

Préparation pendant
la cuisson

Ingrédients
24 grosses crevettes cuites
(gambas)
6 œufs
12 pommes de terre
moyennes
6 petites tomates
L'aïoli :
2 ou 3 gousses d'ail
1/2 citron (jus)
1 jaune d'œuf
Huile d'olive
Huile de tournesol
Sel, poivre du moulin

✓ Sortir les ingrédients de l'aïoli et les réserver.

✓ Poser les œufs au fond d'une marmite. Verser une grande quantité d'eau très chaude et faire bouillir. Rincer les pommes de terre et sans les éplucher, les ajouter dans la marmite pour 20 min. Elles sont cuites quand la lame du couteau pénètre sans résistance.

✓ Pendant ce temps, préparer l'aïoli. Peler l'ail. Monter une mayonnaise avec œuf et ail écrasé.

✓ Laver et essuyer les tomates. Refroidir les œufs sous 1 filet d'eau froide, puis les écaler et les couper en deux.

✓ Servir chaque élément à part : crevettes, tomates, pommes de terre, œufs, aïoli. Chacun décortiquera ses crevettes et épluchera ses pommes de terre. Sinon les éplucher d'abord puis les cuire à la vapeur.

♦ **Marché.** Agrémenter la table de bulots et de bigorneaux, remplacer les crevettes par des tourteaux ou présenter un mélange de tous ces crustacés que l'on trouve déjà cuits chez le poissonnier. ♦ **Ou alors.** Plus traditionnel, cuire des pavés de cabillaud (le nom de la morue fraîche) ou d'autres poissons (loup, saumon...) dans un court-bouillon acheté tout prêt et servir tiède. Voir *Poisson poché au concassé de tomate* (p. 180).

33'
IDÉE MENU

Trucs apéro	+	Aïoli de crevettes	+	Salade verte	+	Chèvres	+	Amandine aux abricots
5'		10'		8'		0'		10'

Prépa 15'
Cuisson 5'

Crevettes sautées à l'ail

Pour 6 personnes

Ingrédients
30 grosses crevettes
    (gambas)
6 gousses d'ail
1/2 bouquet de persil plat
2 cuil. à soupe d'huile
    d'olive
Sel, poivre du moulin

✓ Décortiquer les crevettes : retirer la tête, ôter la carapace en gardant le dernier anneau lié à la queue. À l'aide d'une lame de couteau fine et bien aiguisée, trancher la crevette le long du boyau noir pour le retirer. C'est aussi rapide que de décortiquer des crevettes cuites, le boyau vient tout seul. Essuyer avec du papier absorbant.

✓ Peler les gousses d'ail et les émincer finement. Rincer le persil, le sécher, l'effeuiller et le ciseler grossièrement dans un bol.

✓ Dans une grande poêle à revêtement antiadhésif ou un wok, faire chauffer l'huile d'olive sur feu vif, y jeter l'ail émincé et immédiatement après les crevettes. Les faire sauter en secouant la poêle d'avant en arrière. Compter 3 à 5 min selon la grosseur des crevettes. Saler, poivrer fortement.

✓ Verser dans le plat de service et garnir de persil ciselé.

♦ **Ou alors.** Remplacer le persil par du basilic, de la coriandre ou par un mélange persil plus une autre herbe. ♦ **Marché.** Si l'on ne trouve pas de gambas, mais des crevettes plus petites, renoncer, ce serait trop long à décortiquer. Ou alors, les cuisiner telles quelles et chacun décortiquera ses crevettes. Privilégier l'ail nouveau en saison et doubler les quantités, il est moins fort et plus digeste. ♦ **Idéal avec.** Un riz pilaf (aux légumes, au gingembre, cantonnais ou à l'espagnole), une poêlée ou un curry de légumes.

38'
IDÉE MENU

Trucs apéro	+	Crevettes sautées	+	Riz au gingembre	+	Tarte aux fruits de saison
5'		15'		6'		12'

CREVETTES
Variations

Palourdes sautées à l'ail et au persil

C'est un des rares coquillages qui ne soit pas long à nettoyer. Il suffit de les faire tremper dans de l'eau. Renouveler ce bain s'il y a trop de sable. Pendant que les palourdes trempent, peler l'ail, rincer, effeuiller et ciseler le persil. Bien égoutter les palourdes et les faire revenir sur feu fort avec un peu d'huile d'olive dans une grande poêle ou une sauteuse. Ajouter l'ail en cours de cuisson. Éteindre dès que les palourdes se sont ouvertes (environ 5 min). Servir décoré de persil ciselé. ♦ **Astuce.** Surtout ne pas saler l'eau ni le plat, les palourdes le sont déjà.

Crevettes sautées à l'ail, gingembre et citrons verts

Peler et râper un pouce de gingembre (4 cm). Faire sauter 3 min les crevettes avec l'ail et le gingembre. Arroser du jus de 3 citrons verts. Laisser mijoter 1 à 2 min.

♦ **Ou alors.** Remplacer le gingembre par de la citronnelle. ♦ **Idéal avec.** Du riz blanc, une salade. Poser du citron vert sur la table.

DAURADE

Prépa 5'
Cuisson 30'

Daurade rôtie

À partir d'une recette simplissime, une multitude de déclinaisons. Pas d'inquiétude sur la cuisson. Elle ne demande aucune attention et laisse tout le loisir de s'occuper d'autre chose.

Recette de base

Pour 6 personnes

Ingrédients
1 grosse daurade (1,5 kg)
   ou 2 moyennes
2 citrons
10 cl d'huile d'olive
Sel, poivre du moulin

✓ Demander au poissonnier de vider et d'écailler le poisson.
✓ Préchauffer le four à 240 °C, th. 8.
✓ Rincer le poisson et le poser dans la lèchefrite. Saler, poivrer, arroser du jus d'1 citron et d'1 filet d'huile d'olive. Cuire au four 30 à 40 min selon l'épaisseur du ou des poissons.
✓ Servir avec des quartiers de citrons et poser une bonne huile d'olive sur la table.

♦ **Ou alors.** Remplacer citrons jaunes par citrons verts. Cuisiner ainsi bar, saumon… Comme pour le *Bar en papillote* (voir p. 172), parfumer le poisson de quelques brins d'aneth ou de fenouil fourrés dans le ventre. ♦ **Idéal avec.** Coulis de poivron ou de tomate, coulis d'herbe, etc.

35'
IDÉE MENU

Brocoli parmesan+ Daurade rôtie + Fondue d'oignons ou de poivrons + Fondant de Marie
   15'   5'   5'   10'

DAURADE
variations

Daurade en croûte de sel

Étaler une couche de gros sel dans la lèchefrite, poser le poisson, juste rincé et séché, et le recouvrir de gros sel. Rectifier à la main pour que la couche de sel soit régulière (1 cm d'épaisseur). Utiliser de préférence du sel de Guérande. Cuire au four comme précédemment.

Daurade à la provençale

Entourer le poisson d'un ou de plusieurs légumes : tranches d'oignon, ail écrasé, tomates pelées et égouttées, lanières de poivrons rouges, tranches ou bâtonnets de courgettes, petites pommes de terre nouvelles... Saler, poivrer, arroser d'huile d'olive et parsemer de romarin.

♦ **Organisation.** Pendant que le four préchauffe, préparer les légumes. Faire revenir les oignons à part si on les préfère plus confits... Enfourner les légumes dès que le four est à bonne température. Poser le poisson sur ce lit de garniture 30 min avant de passer à table.

Daurade aux citrons confits et à la coriandre fraîche

Reprendre la recette de base. Remplacer les 2 citrons frais par 8 citrons confits et 1 bouquet de coriandre fraîche.

Choisir des citrons confits à grosse peau. Les plonger 1 min dans de l'eau bouillante pour atténuer leur amertume. Les égoutter et les couper en tranches.

Rincer la coriandre. Glisser la moitié du bouquet dans la daurade. Effeuiller l'autre moitié.

Tapisser le plat de cuisson de la moitié des tranches de citron, poser la daurade sur ce lit de citron et la couvrir de l'autre moitié des tranches. Arroser d'huile d'olive, saler, poivrer et ajouter les feuilles de coriandre réservées. Glisser au four pour 30 à 40 min.

♦ **Ou alors.** On peut relever le plat d'1 ou 2 cuil. à soupe de coriandre en grains. ♦ **Idéal avec.** Couscous, blé ou boulgour préparés pendant la cuisson au four.

Daurade à la marocaine

Dans le bol du mixeur, verser 3 gousses d'ail, 1 bouquet de coriandre, 1 cuil. à soupe rase de cumin en poudre et de paprika, 1 dose de safran, 1 jus de citron, 10 cl d'huile d'olive, sel et poivre. Mixer, verser sur le poisson et laisser mariner le plus longtemps possible.

Émincer 3 oignons rouges ou l'équivalent d'échalotes roses nouvelles, en tapisser le plat de cuisson. Avant d'enfourner, poser le poisson, couvrir de la marinade et cuire 30 à 40 min selon la grosseur du ou des poissons.

DAURADE

◆ **Astuce.** Si l'on a un peu de temps, comme précédemment, précuire les oignons au four avec 1 trait d'huile d'olive, sel et poivre ou les faire rapidement « tomber » à la poêle jusqu'à ce qu'ils deviennent translucides. ◆ **Ou alors.** Parfumer la marinade d'un citron confit et ajouter un citron confit coupé en lamelles au lit d'oignons.

26'
IDÉE MENU

Trucs apéro	+ Daurade provençale ou marocaine	+ Boulgour nature	+ Îles blanches de Danièle
5'	15'	3'	3'

Prépa 2'
Cuisson 15'

Haddock
au beurre blanc

Cet églefin fumé cumule toutes les qualités. Pas cher, on le trouve partout, dans les poissonneries mais aussi au rayon frais des grandes surfaces. Il est aussi délectable émincé cru ou juste poché. Très moelleux, surtout quand il se présente avec sa peau, il est considéré comme un poisson maigre.

Pour 6 personnes

Ingrédients
6 morceaux de haddock
1,5 litre de lait
1 bouquet garni pour
    poisson
10 grains de poivre
Beurre blanc :
200 g de beurre
2 cuil. à soupe de crème
    fraîche
2 cuil. à soupe d'échalotes
    coupées surgelées
5 cl de vin blanc
15 cl de vinaigre de vin
    blanc
Sel, poivre du moulin

✓ Poser le haddock dans une sauteuse ou une marmite. Verser le lait. Ajouter le bouquet garni et le poivre en grains. Porter à ébullition, éteindre, couvrir et laisser pocher au moins 10 min.
✓ Pendant ce temps, préparer le beurre blanc. Dans une petite casserole posée sur feu doux, verser vin, vinaigre et échalotes encore surgelées, saler, poivrer et attendre que le liquide se soit presque totalement évaporé. Il doit rester un fond sirupeux (1/3 du liquide). Ajouter la crème puis le beurre coupé en morceaux, morceau par morceau en battant sans arrêt à l'aide d'un petit fouet. Laisser telle quelle ou passer cette sauce au chinois et la garder au chaud au bain-marie.
✓ Retirer les morceaux de haddock délicatement, à l'aide d'une écumoire pour bien les égoutter, les poser dans le plat de service côté chair et ôter la peau. Les retourner pour les présenter, face orange visible.
✓ Les assaisonner du beurre blanc.

♦ **Astuce.** Le poisson doit être complètement recouvert de liquide de cuisson. Prévoir 1,5 litre de lait, si cela ne suffit pas, compléter avec de l'eau. On peut remplacer le lait par un mélange lait/eau (dans ce cas, 1 litre de lait suffit). Relever le liquide de cuisson d'1 oignon coupé en quatre et d'1 carotte coupée en tronçons. Surtout ne pas saler, le poisson l'étant

HADDOCK

déjà, on utilise précisément le lait pour l'adoucir. ♦ **Marché.** Il existe des bouquets garnis spécial poisson tout prêts, enveloppés de gaze comme des sachets de thé. ♦ **Organisation.** Commencer par le légume. Pendant sa cuisson, préparer un dessert à cuire au four, celui-ci étant libre, puis enchaîner avec le poisson.

40'
IDÉE MENU

Trucs apéro	+ Haddock poché	+ Épinards	+ Fondant de Marie
5'	15'	10'	10'

Variations

Haddock cru en salade

Le haddock est bon tel quel, sans aucune préparation. L'émincer finement et le poser sur une salade verte enrichie d'1 ou 2 oignons rouges émincés ou sur une salade de lentilles.

Langoustines
au court-bouillon

Pour 6 personnes

Ingrédients

1,5 kg de langoustines
1 oignon
1 carotte
2 branches de céleri
1 bouquet garni (thym,
    laurier, persil)
1 bouteille de vin blanc sec
1 litre d'eau
3 cuil. à soupe d'huile
    d'olive

✓ Éplucher et rincer oignon, carotte et céleri. Couper l'oignon en fines lamelles et le céleri en tronçons puis en bâtonnets. Râper la carotte côté gros trous de la râpe.

✓ Dans une marmite, faire revenir les légumes émincés 2 ou 3 min dans l'huile d'olive. Verser le vin blanc, l'eau et le bouquet garni. Saler et poivrer. Cuire 10 min à feu vif et plonger les langoustines. 5 min après la reprise de l'ébullition, égoutter et servir avec les légumes.

♦ **Ou alors.** Relever le bouillon d'1 dose de safran. ♦ **Organisation.** Préparation en deux temps : le bouillon d'abord, puis les langoustines à pocher juste avant de passer à table. Entre les deux, tout le temps de préparer une entrée ou un dessert, de rincer une salade...

55'
IDÉE MENU

Brocoli au parmesan	+	Langoustines	+	Tagliatelle de légumes	+	Glaces
15'		25'		15'		0'

Maquereaux pochés
au vin blanc

Pour 6 personnes

Ingrédients

6 maquereaux
(ou 12 petits)
1 bouteille de vin blanc sec
(Muscadet)
2 oignons moyens
2 carottes moyennes
3 brins de persil
2 branches de thym
2 feuilles de laurier
1 cuil. à soupe de coriandre
en grains
1 pincée de curcuma
Sel, poivre du moulin

✓ Demander au poissonnier de vider et de nettoyer les maquereaux.

✓ Les rincer et les réserver sur du papier absorbant.

✓ Éplucher les oignons et les carottes et les couper en rondelles. Rincer le persil.

✓ Disposer les maquereaux tête bêche, bien serrés dans un plat creux supportant la chaleur du feu.

✓ Ajouter toute la garniture aromatique : oignons et carottes, thym, laurier, coriandre et persil. Saler, poivrer et verser le vin. Secouer un peu le plat pour que l'assaisonnement imprègne l'ensemble.

✓ Poser le plat sur feu moyen, dès les premiers frémissements, attendre 2 min. Retourner les poissons et laisser encore 2 min.

✓ Retirer les maquereaux à l'aide d'une écumoire et les poser dans un plat creux de service.

✓ Verser le jus et la garniture dans une casserole. La poser sur feu vif et laisser le liquide réduire de moitié. Reverser sur les poissons.

✓ Servir tiède ou froid en entrée ou en plat principal.

♦ **Idéal avec.** Des pommes de terre vapeur. ♦ **Marché.** Préférer des maquereaux bien dodus, sinon les remplacer par les plus petits (lisettes) et augmenter les quantités.

43'
IDÉE MENU

Salade épinards, noisettes	+ Maquereaux vin blanc	+ P. de terre au four	+ Salade de mangues
10'	15'	8'	10'

Prépa 2'
Cuisson 13'

Ailes de raie pochées

Pour 6 personnes

Ingrédients

Le poisson :
6 morceaux d'ailes de raie
25 cl de vinaigre blanc
Sel, poivre du moulin

La vinaigrette :
4 cuil. à soupe d'huile
  de sésame
2 cuil. à soupe de vinaigre
  de xérès
Sel, poivre du moulin

✓ Rincer les ailes de raie dans une eau vinaigrée.

✓ Les poser dans une grande sauteuse ou une marmite. Recouvrir d'eau froide, ajouter 20 cl de vinaigre, saler et poivrer. Cuire sur feu moyen. Dès les premiers frémissements (l'eau ne doit pas bouillir), éteindre, couvrir et attendre 5 min avant d'égoutter la raie. Retirer la peau.

✓ Pendant la cuisson, préparer la vinaigrette : dans un bol, verser vinaigre et sel, mélanger puis ajouter l'huile de sésame et poivrer.

✓ Poser la raie sur un plat de service et l'arroser de vinaigrette.

♦ **Ou alors.** Remplacer le vinaigre par 1 sachet de court-bouillon pour poisson à diluer dans l'eau froide et procéder de même. Selon l'épaisseur des morceaux de poisson, pocher 5 à 8 min après ébullition à petits frémissements. L'assaisonnement : on peut également poser sur la table, huile d'olive et de sésame, citrons coupés en quartiers, vinaigres. Chacun arrosera son poisson comme il lui plaira. Ou préparer une vinaigrette traditionnelle avec huile de tournesol et vinaigre de vin enrichie de 2 échalotes hachées menu et de persil ciselé.

45'
IDÉE MENU

Salade mâche, betteraves + Ailes de raie + Pommes de terre vapeur + Cheesecake

10'　　　　　10'　　　　　15'　　　　　10'

RAIE
Variations

Raie en salade

Version été. Déguster la raie tiède ou refroidie et assaisonner d'une vinaigrette ou de concassé de tomate (voir p. 180).

♦ **Astuce.** Ce plat peut se préparer à l'avance et attendre dans un endroit frais, recouvert de film alimentaire. ♦ **Idéal avec.** Une salade verte ou une salade de pommes de terre.

Raie à la vapeur

Ma copine Evelyne, dite Lino, préfère la cuisson à la vapeur ; celle, dit-elle, qui respecte le mieux la saveur de la raie. C'est d'ailleurs ainsi qu'elle cuit la sole.

Demander au poissonnier 1 poignée d'algues et en tapisser le panier du cuit-vapeur. Poser le ou les morceaux de poisson sur ce lit d'algues et cuire à la vapeur.

Elle les assaisonne ensuite d'huile de sésame, d'1 trait de vinaigre balsamique, de sel de Guérande et de poivre du moulin.

Prépa 15'
Cuisson 20'

Saint-Jacques à la nage

Pour 6 personnes

Préparation pendant
la cuisson

Ingrédients
18 belles coquilles
Saint-Jacques
1 sac de 450 g de julienne
de légumes surgelés
1 blanc de poireau
2 cuil. à café d'ail coupé
surgelé
2 cuil. à soupe d'échalotes
coupées surgelées
1 bouquet de cerfeuil
1 branche de thym
1 feuille de laurier
50 g de beurre
10 cl de crème liquide
1 grand verre d'eau
1 grand verre de vin blanc
sec
Sel, poivre du moulin

✓ Demander au poissonnier d'ouvrir les coquilles Saint-Jacques.

✓ Dans une grande sauteuse, faire fondre le beurre et, sur feu vif, faire revenir les échalotes et l'ail puis les légumes encore surgelés sans coloration.

✓ Émincer le blanc de poireau en julienne (fins bâtonnets) et l'ajouter dans la sauteuse avec le thym et le laurier. Saler et poivrer.

✓ Rincer très rapidement les noix et le corail des coquilles Saint-Jacques, les poser sur du papier absorbant.

✓ Rincer, sécher et effeuiller le cerfeuil sans le ciseler. Réserver.

✓ Quand il n'y a plus de liquide dans la sauteuse, verser l'eau et le vin, laisser bouillir 2 min, baisser le feu et poser les Saint-Jacques. Couvrir et cuire 2 min. Ajouter la crème liquide, attendre 1 min après la reprise de l'ébullition et éteindre.

✓ Verser dans le plat de service et décorer de feuilles de cerfeuil.

♦ **Ou alors.** Les coquilles Saint-Jacques sont un peu chères et pas toujours du goût de tous. On peut, de la même façon, cuisiner d'autres poissons. Les choisir à chair fine comme des filets de sole (que l'on enroule et que l'on fixe avec une pique en bois). On peut remplacer la julienne de légumes par 6 blancs de poireaux ou 6 bulbes de fenouil, le cerfeuil par de la ciboulette.

♦ **Organisation.** Préparer le dessert avant les Saint-Jacques.

45'
IDÉE MENU

Foie gras minute	+ Saint-Jacques à la nage	+ Fondue d'endives	+ Diplomate
5'	20'	10'	10'

Prépa 8'
Cuisson 5'

Darnes de saumon
en papillote

Une spécialité de ma copine Madyl. Le nez dans ses bouquins, entre sa thèse et un article à terminer, la papillote est sa seule concession à la vie matérielle. Tous les poissons entiers, en filets ou en tranches peuvent être cuits en papillote. La papillote a tous les avantages, elle permet une cuisson rapide, sans odeur qui respecte la délicatesse du poisson et les soucis de diététique.

Pour 6 personnes

Ingrédients
6 darnes de saumon
1 citron
6 brins d'aneth
Huile d'olive
Sel de Guérande, poivre
    du moulin

✓ Préchauffer le four à 240 °C, th. 8.
✓ Couper le citron en fines lamelles. Rincer et sécher l'aneth. Préparer 6 rectangles de papier alu.
✓ Huiler l'intérieur des feuilles d'aluminium, poser 1 darne de saumon sur chaque feuille puis couvrir d'1 ou 2 tranches fines de citron, poser 1 brin d'aneth, arroser d'1 filet d'huile d'olive (ou d'1 cuil. à soupe rase de crème fraîche) saler, poivrer. Fermer les papillotes, les déposer sur la lèchefrite et les enfourner pour 5 à 8 min (selon l'épaisseur des darnes).
✓ Servir immédiatement à l'assiette.

♦ **Organisation.** Le poisson en papillote cuit vite et se déguste immédiatement. Sortir tous les ingrédients à l'avance et préparer le reste du dîner avant de les apprêter. ♦ **Idéal avec.** Pour la garniture, place à l'imagination, jus de citron, herbes et/ou épices. Tartiner le poisson de tapenade ou de condiment au citron confit, le poser sur un lit d'oignons et/ou de tomates... Persil, basilic, coriandre, aneth, thym frais, origan... ou un mélange de plusieurs herbes, en garder un peu pour la décoration. Sous le poisson, un lit de légumes, tomates, oignons, champignons ou fenouil coupés en fines lamelles. Oseille, feuilles de blettes ou d'épinards préalablement pochées dans

de l'eau bouillante, égouttées sur un torchon et grossièrement hachées. Sur le poisson, carottes épluchées et râpées (côté gros trous de la râpe), bâtonnets de céleri. Relever, si l'on aime, d'un peu de gingembre frais épluché et râpé (côté petits trous de la râpe) ou de zeste de citron râpé finement. On peut, bien entendu, choisir de mélanger légumes, herbes et épices.

La technique

Préchauffer le four à 240 °C, th. 8. Pendant ce temps (15 min), préparer les papillotes.

Prévoir une feuille d'aluminium ou de papier sulfurisé qui dépasse de 15 à 20 cm tout autour du ou des morceaux de poisson. Huiler l'intérieur avec les doigts ou à l'aide d'un pinceau. Poser le poisson au centre de la papillote. On peut choisir d'associer plusieurs poissons dans chaque papillote. Assaisonner : sel, poivre, filet d'huile d'olive, noisette de beurre ou crème fraîche. Agrémenter la papillote d'une garniture ou préparer un légume à part.

Fermer la papillote. Mettre bord à bord ce qui dépasse et plier les 2 bords ensemble en faisant plusieurs tours (4 tours de 2 cm de largeur pour le papier sulfurisé, 2 tours seulement pour l'aluminium). Ne pas trop la serrer pour que la vapeur puisse circuler à l'intérieur.

Poser sur la lèchefrite et enfourner pour 5 à 12 min selon l'épaisseur du poisson et l'importance de la garniture.

Attention. La papillote fonctionne comme une étuve d'où l'humidité ne s'échappe pas. Celle-ci retombe sur le poisson. Même avec des aliments apparemment secs au départ, la papillote une fois ouverte contient du jus. Ne pas trop forcer sur des ingrédients contenant trop d'eau. Les tomates, par exemple, seront débarrassées de leur jus et des pépins.

Papier sulfurisé ou feuille d'aluminium ?

Le premier dore pendant la cuisson et rend la papillote plus appétissante. Par prudence doubler la feuille pour éviter les fuites. La feuille d'aluminium se plie plus facilement, 1 couche suffit mais poser le poisson sur sa face mate.

IDÉE MENU

Soupe chinoise au poulet	+ Poisson en papillote	+ Fondue de fenouil	+ Îles blanches de Danièle
15'	13'	5'	3'

Papillote de daurade au gingembre et au fenouil

Le bulbe de fenouil, assez ferme, sera tranché en deux, émincé finement en tournant autour du trognon puis cuit quelques minutes à la vapeur et séché avant de tapisser la papillote. Poser la daurade portion ou le morceau de daurade sur ce lit de fenouil, parsemer de quelques grains de fenouil ou d'anis, arroser d'1 filet d'huile d'olive, saler et poivrer.

Papillote de daurade aux agrumes

Tapisser la papillote d'orange et/ou citron et/ou citron vert coupés en très fines tranches avec leur peau et rehaussées de lamelles de citron confit.

Papillote de filets de poisson à la tapenade

Enduire la papillote d'huile d'olive. Poser le filet de poisson, le tartiner de tapenade et refermer la papillote. Facultatif : éparpiller quelques petits morceaux de tomates confites sur la couche de tapenade.

♦ **Ou alors.** Tartiner le poisson d'autres condiments intéressants comme le citron confit au gingembre ou la pâte de curry.

Papillote de pavé de poisson à la tomate, au citron et à l'origan

Couper tomates et citrons en tranches très fines. Enduire la papillote d'huile d'olive, la tapisser de tranches alternées de citron et de tomate. Poser le pavé de poisson, saler, poivrer, arroser de quelques gouttes d'huile d'olive, décorer d'1 tranche de citron, parsemer d'origan (ou d'une autre herbe) et refermer la papillote.

♦ **Ou alors.** Aux 2 tomates. Alterner tomate fraîche et tomate confite, remplacer le citron frais par un peu de citron confit et décorer de coriandre fraîche.

Bar en papillote

Ingrédients : 1 gros bar ou 2 moyens, 4 citrons verts, huile d'olive, sel, poivre du moulin.
Préchauffer le four à 220 °C, th. 7/8.
Rincer le poisson, l'égoutter et le sécher à l'aide de papier absorbant. L'arroser de 2 jus de citron, saler, poivrer, verser 1 filet d'huile d'olive et réserver, le temps que le four préchauffe. Couper les citrons restant en fines lamelles.
Préparer 2 feuilles d'aluminium dont la taille sera un peu plus grande que celle du poisson. Disposer le poisson au centre d'une feuille d'aluminium (côté mat à l'intérieur). Aligner

quelques rondelles de citron en les faisant se chevaucher sur le dos du poisson. Recouvrir de la deuxième feuille d'aluminium et rouler les bords qui dépassent. Enfourner pour 30 min. Servir chaud accompagné d'une sauce au basilic avec du riz, des pommes vapeur, des pâtes ou des légumes verts (petits pois, haricots verts...).

◆ **Ou alors.** Fourrer le poisson de fenouil, l'arroser d'1 cuil. à soupe de pastis. Cuisiner ainsi d'autres poissons entiers, daurade, mulet, saumon...

TURBOT

Prépa 00'
Cuisson 5'

Filets de turbot poêlés

C'est rapide et facile comme un steak. Pour filets, darnes (tranches) ou pavés. Selon les goûts et l'épaisseur du poisson, varier légèrement les temps de cuisson. On obtient une chair cuite (mais pitié, surtout pas trop !) ou juste saisie et rosée à l'intérieur.

Pour 6 personnes

Ingrédients
6 gros filets de turbot
   avec leur peau
Huile d'olive
Sel, poivre du moulin

✓ Demander au poissonnier de lever des filets avec leur peau. Laisser le poisson à température ambiante.
✓ Chauffer de l'huile d'olive dans une poêle antiadhésive et y saisir les filets côté peau pendant 2 à 3 min. Les retourner et continuer la cuisson 1 à 2 min selon leur épaisseur.
✓ Poser sur le plat de service, saler et donner quelques tours de moulin à poivre.

♦ **Ou alors.** Préférer des filets de rouget, de daurade ou de loup. Poser une coupelle de tapenade sur la table dont on se servira comme condiment. ♦ **Idéal avec.** Un coulis de tomate (voir *Aubergines à la parmigiana*, p. 133). Un légume vert, une poêlée de légumes ou une purée de pommes de terre à l'huile d'olive. En entrée, poser ces filets sur une salade. ♦ **Organisation.** À cuisiner juste avant de passer à table.

40'
IDÉE MENU

Salade avec Saint-Jacques	+ Poisson poêlé	+ Aubergines à l'ail	+ Salade de fruits de saison
15'	5'	10'	10'

TURBOT
Variations

Saumon à l'unilatéral

On peut même cuire le poisson d'un côté seulement, c'est la cuisson à l'unilatéral qui convient bien aux filets très minces (rougets...) ou, au contraire, à un filet de saumon par exemple.
Demander au poissonnier de le trancher assez épais et de le couper en pavés de 150 g.
Les poêler 10 min côté peau sur feu moyen, dans 1 larme d'huile d'olive ou 1 noisette de beurre. Surtout ne pas les retourner. Le dessus est cru mais chaud.
Ainsi à chaque bouchée on savoure deux cuissons en une.

♦ **Marché.** Le saumon (de ligne et non d'élevage) doit être de la meilleure qualité.

Poisson rôti

Autre mode de cuisson avec les mêmes poissons en filets s'il s'agit de gros poissons, ou en pavés ou darnes pourvu que les morceaux soient assez épais.
Laisser le poisson à température ambiante. Préchauffer le four à 240 °C, th. 8.
Enduire les morceaux de poisson d'huile d'olive, les poser dans un plat allant au four, côté peau en dessous et enfourner pour 10 min. Si leur chair n'est pas dorée, continuer 1 à 2 min sous le gril. Saler au gros sel et poivrer au moulin.

Prépa 20'
Cuisson 00'

Carpaccio de poissons
de Pierre

Les poissons proposés sont ceux de Pierre, les plus raffinés, auxquels il aime ajouter parfois quelques gambas décortiquées crues et tranchées finement. On peut réaliser ce plat avec des poissons moins onéreux et franchement agréables comme le thon, le saumon ou le haddock.

Pour 6 personnes

Préparation 20 min au
   moins si l'on tranche
   le poisson soi-même

Ingrédients

500 g de chair de poisson
   (daurade, loup ou bar...)
1/2 bouquet de persil plat
1 bouquet d'aneth
1 botte de ciboulette
Huile d'olive
Sel de Guérande, poivre
   du moulin

✓ Rincer les herbes, les sécher au torchon, les effeuiller, les poser ensemble dans un bol et les ciseler grossièrement avec des ciseaux.

✓ Émincer les tranches de poisson et les poser dans de jolis plats sans qu'elles se chevauchent, les enduire au pinceau d'une excellente huile d'olive, saler, donner quelques tours de moulin à poivre et parsemer du mélange d'herbes fraîches.

✓ Recouvrir de film alimentaire jusqu'au moment de servir, ainsi le poisson ne séchera pas.

✓ Servir avec des tranches de bon pain de campagne grillées et frottées à l'ail. Poser sur la table, huile d'olive, salière et moulin à poivre.

♦ **Astuce.** Demander au poissonnier de lever des filets en glissant la lame du couteau le long de l'arête, garder la peau. Poser les filets côté peau sur une planche et trancher en biais, le plus finement possible, la lame presque parallèle à la planche. Jeter la peau. Les arêtes récalcitrantes se retirent à la pince à épiler. Comme pour la viande, on peut légèrement congeler les filets ce qui rend la coupe plus aisée mais la chair de poisson est si délicate qu'il est dommage de l'agresser ainsi en risquant d'en altérer le goût. ♦ **Idéal avec.** Tartines de pain grillé, frottées à l'ail. De préférence l'été avec de l'ail nouveau. Éplucher

POISSONS

quelques gousses d'ail pendant qu'on fait griller le pain. Puis frotter la surface des tartines avec les gousses. On peut les présenter comme le poisson, assaisonnées de sel de Guérande, de poivre du moulin, arrosées d'1 filet d'huile d'olive et parsemées du même mélange d'herbes ou d'origan. Prévoir 2 tartines par personne.

Variations

Noix de Saint-Jacques en carpaccio

Ingrédients : 18 noix de Saint-Jacques, huile de noisette, vinaigre de xérès, 1/2 botte de ciboulette, sel de Guérande, poivre du moulin.

Rincer, sécher et ciseler la ciboulette tous les 2/3 cm.

Émincer les noix de Saint-Jacques, les disposer dans le plat de service et les enduire à peine d'1 mince filet d'huile de noisette, de quelques gouttes de vinaigre de xérès, d'un peu de ciboulette ciselée, de sel et de poivre du moulin.

On peut également les décorer d'œufs de saumon. Ou tout simplement les assaisonner de sel, de poivre et de copeaux de truffe.

Le seul impératif, qu'elles soient de la plus grande fraîcheur. Les consommer le jour même sinon les cuisiner.

33'
IDÉE MENU

Salade haricots verts, artichauts, jambon + Carpaccio + Fromage blanc au miel
10'   20'   3'

Poisson au gingembre
et au lait de coco

Pour 6 personnes

Préparation pendant
la cuisson

Ingrédients

900 g de poisson coupé en
gros dés (poisson blanc,
thon rouge...)
100 g de gingembre frais
3 cuil. à café d'ail coupé
surgelé
300 g d'oignons surgelés
en cubes
1 boîte de lait de coco
4 cuil. à soupe d'huile
d'arachide
2 doses de safran
1 pincée de piment fort
(facultatif)
Sel, poivre du moulin

✓ Demander au poissonnier de couper le poisson en gros dés.
✓ Dans une grande sauteuse ou un wok, faire chauffer l'huile
d'arachide sur feu vif et y faire revenir les oignons encore surgelés. Peler le gingembre. Au bout de 2 min de cuisson, ajouter l'ail, le safran, le piment (facultatif) et râper le gingembre
(côté gros trous de la râpe et cesser dès qu'on atteint le cœur
filandreux), cuire 1 min.
✓ Faire rapidement revenir le poisson dans cette sauce, toujours sur feu vif. Verser le lait de coco dans la sauteuse, mélanger, rectifier l'assaisonnement. Attendre la reprise de l'ébullition et éteindre.

♦ **Ou alors.** Étoffer la sauce de 6 cuil. à soupe de pulpe de
tomate (1/2 boîte soit 200 g). On peut réaliser la même recette
avec des aiguillettes de poulet ou de canard, des grosses crevettes décortiquées, des filets de poisson... ♦ **Idéal avec.** 400
à 500 g de *Riz blanc* (voir p. 115). ♦ **Organisation.** Le riz est
cuit avant le poisson, égoutté, réservé puis réchauffé au micro-
ondes. Pendant ce temps, on aura préparé les ingrédients du
plat, sorti les ustensiles, mis la table...

30'
IDÉE MENU

Soupe chinoise au poulet +	Poisson gingembre coco +	Riz blanc +	Litchis, nougats chinois...
15'	10'	5'	0'

POISSONS

Prépa **00'**
Cuisson **20'**

Poisson à la livournaise

Pour 6 personnes

Ingrédients

6 tranches ou filets
de poisson
2 poignées d'oignons
émincés surgelés
3 cuil. à café d'ail coupé
surgelé
1 boîte de pulpe de tomate
ou 1 petite boîte de
tomates pelées
25 olives noires (ou vertes)
dénoyautées
3 cuil. à soupe d'huile
d'olive
Sel, poivre du moulin

✓ Laisser le poisson à température ambiante.

✓ Dans une cocotte posée sur feu vif, faire revenir les oignons puis l'ail encore surgelés avec 2 cuil. à soupe d'huile d'olive.

✓ Pendant ce temps, dans une poêle antiadhésive posée sur feu vif, faire dorer rapidement les tranches de poisson sur les deux faces avec 1 cuil. à soupe d'huile d'olive, juste pour les saisir.

✓ Quand les oignons commencent à blondir, verser les tomates. Saler et poivrer. Après ébullition baisser le feu, couvrir et laisser mijoter 10 min.

✓ Ajouter les olives, poser les tranches de poisson sur la sauce, couvrir et attendre 2 à 3 min que les saveurs se mélangent.

♦ **Idéal avec.** Pommes de terre vapeur, riz blanc ou pilaf, tagliatelle aux œufs, boulgour... ♦ **Ou alors.** En saison, ajouter du basilic frais. Remplacer les olives par 1 filet de vinaigre ou 1 poignée de câpres. Étoffer la sauce de 20 cl de vin blanc sec, à verser en même temps que les tomates et parfumer d'1 bouquet garni. Cuisson plus traditionnelle : les tranches de poisson sont salées, poivrées et légèrement farinées avant de frire dans un peu d'huile d'olive sans trop les cuire. Puis, on continue comme précédemment. ♦ **Marché.** Selon la saison, choisir des tranches de thon, de cabillaud, des filets de merlan ou des rougets entiers.

43'
IDÉE MENU

Brocolis au parmesan	+	Poisson à la livournaise	+	Tagliatelle	+	Glaces
15'		20'		5'		0'

Prépa 15'
Cuisson 8'

Poisson poché
au concassé de tomate

Plat d'été idéal pour un repas froid. Il trouvera sa place sur un buffet si vous êtes nombreux.

Pour 6 personnes

Ingrédients

1,2 kg de cabillaud en filet
1 ou 2 sachets de court-
    bouillon pour poisson
La sauce :
6 tomates moyennes
1 bouquet de persil plat
2 cuil. à soupe de câpres
    (facultatif)
12 olives noires
    dénoyautées
1 filet d'huile d'olive
6 cuil. à soupe de vinaigre
    de xérès ou balsamique
    (ou un mélange
    des deux)
Sel, poivre du moulin

✓ Dans une marmite, diluer le court-bouillon dans de l'eau, selon les explications figurant sur le sachet. Faire bouillir 5 min. Baisser le feu, quand le liquide frémit y poser les filets de poisson, éteindre et couvrir.

La sauce :
✓ Égoutter les câpres. Rincer les tomates, les essuyer et les couper en deux dans la largeur. À l'aide du pouce, vider chaque alvéole du jus et des pépins. Couper des tranches de 1 cm d'épaisseur, puis des bâtonnets de 1 cm de largeur, puis des petits dés de 1 cm de côté. Rincer le persil, bien le sécher au torchon, l'effeuiller et le ciseler grossièrement avec des ciseaux. Couper les olives en lamelles.
✓ Dans un grand bol, verser vinaigre et sel (attention au sel et au vinaigre, les olives sont salées et les câpres vinaigrées) poivrer et ajouter l'huile d'olive. Verser tous les autres ingrédients (tomates, persil, olives et câpres), mélanger et rectifier l'assaisonnement. Couvrir d'un film alimentaire et glisser au frigo.

✓ 15 min avant le dîner, bien égoutter le poisson. Il ne doit plus s'écouler une goutte de liquide, au besoin, l'éponger avec du papier absorbant.
✓ Avant de passer à table, poser la chair du poisson sur un plat de service et l'arroser de sauce.

♦ **Marché.** Choisir des tomates de première qualité, ni aqueuses ni farineuses. ♦ **Ou alors.** Parfumer la sauce de 2 ou 3 gousses d'ail écrasées (surtout s'il est frais) ou bien de 2 ou 3 oignons frais entiers (blanc + vert) hachés menus. Au persil seul, on peut préférer un autre mélange d'herbes. Couper 1 ou 2 citrons confits en minuscules dés et les ajouter à la sauce. Si l'on apprécie ce goût, c'est exquis et original. Faire durcir 2 ou 3 œufs, les rincer sous l'eau froide, les écaler et attendre qu'ils aient refroidi. Juste avant de servir, les couper en petits dés ou les râper (côté gros trous) au-dessus du plat. S'ils étaient mélangés plus tôt dans la sauce, ils se transformeraient en crème un peu écœurante et retireraient le côté frais de cette sauce. ♦ **Idéal avec.** Une salade verte.

41'
IDÉE MENU

Salade pois chiches +	Poisson +	Courgettes sautées à l'ail +	Crumble aux fruits rouges
6'	15'	10'	10'

variations

Poisson poché façon aïoli

Sortir l'œuf et tous les ingrédients de l'aïoli. Éplucher des pommes de terre et les cuire à la vapeur. Préparer le poisson de la même façon puis l'aïoli. Voir *Aïoli de crevettes* (p. 157).
Le reste est question de temps, qui peut le plus peut le moins : tomates crues, œufs durs coupés en deux. Poignée de bulots achetés tout prêts. Haricots verts achetés déjà éboutés, rincés et plongés 4 min dans l'eau bouillante. Carottes nouvelles, bulbes de fenouil, bouquets de chou-fleur… cuits séparément dans l'eau ou à la vapeur ou présentés crus.

Prépa 20'
Cuisson 00'

Tartare de poisson

On connaissait bien le tartare de bœuf. Au poisson, il fait fureur. Influence japonaise oblige.

Pour 6 personnes

Ingrédients

900 g de poisson en filets
   (thon, bar, daurade,
   saumon...)
3 citrons verts
3 petits oignons nouveaux
1/2 botte de ciboulette
1/2 bouquet d'aneth
1/3 de bouquet de persil
   plat
Huile d'olive
Sel, poivre du moulin

✓ Peler les oignons et les hacher aussi menu que possible.
✓ Rincer les herbes, les sécher, les effeuiller et les ciseler finement.
✓ Couper la chair du poisson en petits cubes. Surtout pas au mixeur qui réduirait ces chairs en purée.
✓ Assaisonner avec tous les ingrédients à la dernière minute. Ce qui n'empêche pas de préparer tous ces éléments à l'avance.
✓ Présenter les tartares à l'assiette avec 1/2 citron vert par convive et une belle salade verte aux herbes.

◆ **Ou alors.** Relever de quelques câpres et/ou d'un petit cœur de céleri haché le plus finement possible. Ou verser quelques gouttes de sauce soja (tartare de thon). Certains remplacent l'huile par un peu de mayonnaise légère ou ajoutent du jaune d'œuf pour lier le tout. Attention cela peut vite devenir écœurant. Tous ces assaisonnement conviennent aux poissons goûteux comme le thon et le saumon, moins aux poissons à la chair plus fine comme le bar ou la daurade. Très chic, partager les quantités et choisir de présenter 2 tartares de 2 poissons différents sans les mélanger. Si l'on a le temps, rincer quelques tomates cerises, les sécher, les couper en deux ou quatre et les éparpiller autour des tartares. Ou encore, entourer le tartare de tranches très fines de pommes ou de poires, coupées à l'aide d'une mandoline sans les éplucher. Comme pour les carpaccio de poisson, servir avec des tartines de pain de campagne grillées et frottées à l'ail. ◆ **Astuce.** Le citron cuit les aliments. Ce qui est souhaitable pour le *Céviche* (voir p. 41) ne l'est pas pour ces

**POISSONS**

tartares. Il vaut mieux poser les citrons sur la table et laisser chacun assaisonner à son goût. ♦ **Déco.** Présentation en forme de quenelle : mouler le tartare en en prélevant une bonne cuillerée à soupe que l'on replace dans une autre cuillère à soupe que l'on pose dans le plat de service et ce jusqu'à épuisement de la préparation. Les cuillères à soupe sont préalablement huilées pour faciliter le démoulage. Ou encore, remplir un petit ramequin huilé en tassant bien et démouler dans les assiettes. Servir au plat et « cerner » chaque tartare d'1 filet d'huile d'olive.

46 À 51'

IDÉE MENU

Crudités parmesan + Tartare + Salade verte aux herbes + Clafoutis aux fruits de saison

| 6' | 20' | 10' | 10 À 15' |

Tartare aux noix de Saint-Jacques

Ce tartare, plus subtil se contentera d'un peu d'huile d'olive, de quelques gouttes de citron, de fleur de sel de Guérande et de poivre du moulin. Agrémenter de brins de ciboulette grossièrement ciselés.

LES VIANDES

On peut tenter une pièce de viande, à condition de la cuire au four.
Quoi de meilleur qu'un poulet ou qu'un gigot rôti ?
Sinon pour une cuisson rapide, demander au boucher de tailler en cubes,
d'émincer, d'escaloper... Vous pourrez alors innover avec des recettes
dans l'air du temps, sans oublier quelques grands classiques revisités.

Prépa 2'
Cuisson 45'

Tajine d'agneau
aux oignons et au cumin

**La tradition marocaine veut que ce plat cuise lentement
au four dans un plat en terre (tajine) jusqu'au confit.
Mais cela prend un certain temps. Voici un grand classique revisité : parfums
inchangés mais cuisson en cocotte sur le feu et viande émincée ou en cubes.**

Pour 6 personnes

Ingrédients
1,2 kg d'épaule d'agneau
1 kg d'oignons émincés
   surgelés
3 cuil. à café d'ail coupé
   surgelé
2 ou 3 citrons confits
1,5 cuil. à soupe de cumin
   en grains
2 cuil. à café de coriandre
   en grains
2 cuil. à café de gingembre
   en poudre
2 doses de safran
1 pincée de paprika
4 cuil. à soupe d'huile
   d'olive
1 verre d'eau
Sel, poivre du moulin

✓ Demander au boucher de désosser et de couper l'agneau en petits cubes ou en fines lamelles.

✓ Couper les citrons confits en fines lamelles.

✓ Dans une cocotte, poser tous les ingrédients, à l'exception des oignons, avec 1 trait d'huile d'olive. Commencer la cuisson sur feu fort, dès l'ébullition, goûter, rectifier l'assaisonnement, couvrir et cuire à feu doux.

✓ Pendant ce temps, dans une sauteuse, faire revenir sur feu vif les oignons encore surgelés avec 1 cuil. à soupe d'huile d'olive et 1 pincée de sel jusqu'à ce qu'il n'y ait plus de liquide mais sans coloration. Éteindre et réserver. Les verser dans la cocotte 10 min avant la fin de la cuisson.

✓ Servir dans un plat creux avec un peu de couscous à part.

AGNEAU

♦ **Info.** L'agneau pour être moelleux doit cuire assez longtemps : 45 min est un minimum. Au bout de ce temps, si vous ne passez pas à table tout de suite, laissez le tajine sur le feu aussi longtemps que possible. Préférer la chair de gigot, plus chère mais plus tendre. ♦ **Ou alors.** Comme la plupart des tajines, celui-ci peut se cuisiner au poulet et au poisson. Ce sera plus rapide. Décorer le plat de coriandre fraîche grossièrement ciselée.

43'

IDÉE MENU

Salade d'oranges	+	Tajine d'agneau	+	Couscous	+	Fromage blanc au miel
15'		15'		8'		5'

Prépa 2'
Cuisson 25'

Carré d'agneau rôti

Le carré complet se compose de 13 côtes des plus grasses (5 découvertes) aux plus maigres (3 premières) en passant par les 5 secondes. Pour éviter les plus grasses, demander 3 carrés couverts soit 24 côtes. Le fin du fin est de ne servir que des côtes premières soit 6 carrés de 3 côtes. Compter au moins 3 côtes par personne.

Pour 6 personnes

Ingrédients
3 carrés couverts (soit 24 côtes)
Huile d'olive
Sel, poivre du moulin

✓ Laisser les carrés d'agneau à température ambiante.
✓ Préchauffer le four, chaleur maximum.
✓ Enduire légèrement les carrés d'huile d'olive. Protéger les extrémités des manches avec du papier alu, pour leur éviter de brûler.
✓ Les poser à mi-hauteur sur la grille du four, elle-même enduite d'huile et posée sur la lèchefrite, et cuire 15 à 25 min selon grosseur, au bout de 10 min de cuisson, baisser la température du four à 210 °C, th. 7.
✓ Éteindre et laisser reposer la viande 5 min au four, porte entrouverte.
✓ Trancher la viande le long de chaque os, saler, poivrer et servir un assortiment de côtes.

♦ **Info.** Cuisson : entre 12 et 15 min par livre. ♦ **Organisation.** Dans ce cas précis, préparer le dessert avant de cuire la viande. Le four sera préchauffé.

35'
IDÉE MENU

Velouté de potiron à la truffe + Carré d'agneau + Fondue de fenouil + Miroir à l'orange
10'　　　　　10'　　　　　5'　　　　　10'

 **AGNEAU**

Prépa 10'
Cuisson 45'

Gigot d'agneau

Le gigot entier se présente avec la selle. Sinon, il est « raccourci ».

Pour 6 personnes

Préparation pendant que
le four préchauffe

Ingrédients
1 gigot d'agneau de 2 kg
1 tête d'ail
Huile d'olive
Sel, poivre du moulin

✓ Laisser le gigot à température ambiante.
✓ Préchauffer le four, chaleur maximum.
✓ Peler les gousses d'ail. Rentrer la lame d'un couteau pointu dans la chair du gigot et y glisser 1 gousse. Répéter cette opération un peu partout régulièrement. Et l'enduire d'huile.
✓ Huiler un grand plat creux allant au four et y poser le gigot. Enfourner pour 45 min.
✓ Au bout de 15 min de cuisson, diminuer la température à 210 °C, th. 7 et verser un tout petit verre d'eau chaude dans le plat. Ajouter de l'eau dès qu'il n'y a plus de jus dans le plat.
✓ Quand le gigot est cuit, le retirer sur une planche et le recouvrir de papier alu.
✓ Verser un peu d'eau très chaude dans le plat et racler le fond avec le dos d'une fourchette pour déglacer les sucs de la viande. Verser le jus dans une saucière ou un bol, saler et poivrer.
✓ Couper le gigot en tranches (parallèlement à l'os) et verser le sang dans la saucière au fur et à mesure qu'il coule. Assaisonner le jus mais pas la viande.

♦ **Ou alors.** Si l'on craint que certains invités n'apprécient pas l'ail, ne pas piquer le gigot mais l'entourer de gousses d'ail en chemise (sans les éplucher). Mais si tout le monde aime on peut mixer les deux techniques. ♦ **Astuce.** Vérifier de temps en temps qu'il y a toujours un fond de jus dans le plat sinon les sucs brûleraient et la sauce réalisée plus tard avec un peu d'eau serait âcre. Saignant, il est plus tendre. Comme une viande rouge, ne pas le saler à l'avance, il perdrait une partie de son sang pendant la cuisson. ♦ **Info.** Compter 250 g de gigot par personne,

AGNEAU

ce poids inclut sa part d'os. Cuire environ 15 min par livre de viande. ♦ **Marché.** Agneau de lait. En saison, préférer les petits gigots d'agneau de lait et en cuisiner 3.

30'
IDÉE MENU

Trucs apéro	+	Gigot	+	Tomates provençales	+	Clafoutis aux cerises
5'		10'		5'		10'

Variations

Gigot à l'ail et aux anchois

On laisse les gousses d'ail en chemise autour du gigot et on pique le gigot de la même manière mais d'anchois à l'huile d'olive préalablement égouttés et coupés en morceaux.

Épaule d'agneau à la menthe

On peut de la même façon cuisiner l'épaule d'agneau. Demander au boucher de la désosser en gardant le manche comme un gigot. Pendant que le four préchauffe, préparer un hachis d'ail et de persil et/ou de menthe, en tapisser l'intérieur de l'épaule, la rouler et la ficeler, c'est un régal. Pour une épaule moyenne, prévoir 4 belles gousses d'ail et 1 bouquet moyen d'herbes.

Prépa 5'
Cuisson 00'

Carpaccio de bœuf

En quelques années, cette façon italienne d'apprêter viandes et poissons est devenue aussi familière que leur compatriote tomate-mozza. Le principe d'ailleurs est un peu le même. Trancher le produit cru aussi fin que possible, l'assaisonner à peine pour respecter ses saveurs. Les tendances actuelles sont affichées : rapidité et santé ; diététique et régime obligent. Les bouchers et les poissonniers ne s'y sont pas trompés qui les préparent à la demande. En adaptant les quantités, on peut servir ces carpaccio en entrées ou en plat principal accompagnés d'une belle rougette ou batavia aux herbes, de roquette ou de mesclun...

Pour 6 personnes

Ingrédients
720 g de viande de bœuf
   (filet, rumsteck, rosbif
   non bardé…)
2 citrons
100 g de parmesan
Huile d'olive
Gros sel, poivre du moulin

✓ Demander au boucher de trancher la viande en carpaccio.
✓ Étaler les tranches de viande dans un plat de service, saler au gros sel, poivrer au moulin, arroser d'1 mince filet d'huile d'olive et parsemer de parmesan en copeaux coupés à l'aide d'un économe.
✓ Couper les citrons en deux ou quatre et les présenter sur des coupelles, chacun se servira.

♦ **Astuce.** Trancher le carpaccio soi-même : glisser la pièce de viande dans une poche en plastique et la placer au congélateur au moins 30 min. 15 min avant l'arrivée des convives, poser la viande débarrassée de son plastique sur une planche et la trancher aussi fin que possible. Si cela semble trop difficile, trancher plus épais, poser les tranches à plat sur la planche, couvrir d'un film alimentaire et aplatir à l'aide d'un rouleau à pâtisserie ou d'une bouteille. Surtout ne pas assaisonner de citron au moment de la préparation du plat, la viande ramollirait et changerait de couleur. ♦ **Ou alors.** On peut ajouter 1 cœur de céleri, coupé menu et/ou quelques beaux champignons de Paris émincés (les couper à la dernière minute ou les enduire préalablement de jus de citron pour les empêcher de noircir). Très chic mais plus onéreux, en saison remplacer les champignons de Paris par des cèpes ou de la truffe blanche.

23'

IDÉE MENU

Crudités au citron + Carpaccio de bœuf + Salade aux herbes + Fromage blanc au miel

5'   5'   10'   3'

Prépa 10'
Cuisson 00'

Tartare de bœuf

Si l'on n'est pas sûr de ses invités, que l'on redoute l'allergie à l'oignon ou le refus des câpres, n'assaisonnez pas les tartares à l'avance. Vous gagnerez du temps.

Pour 6 personnes

Ingrédients

750 g de steak de bœuf haché gros
6 œufs (jaunes)
6 petits oignons nouveaux
3 cuil. à soupe rases de câpres au vinaigre
6 cornichons
1 petit bouquet de persil
Moutarde de Dijon
Ketchup (facultatif)
Tabasco
Sauce Worcestershire
Huile d'olive
Sel, poivre du moulin

✓ Éplucher les oignons et les hacher le plus finement possible. Faire de même avec les cornichons et les câpres une fois égouttés.

✓ Rincer le persil, le sécher, l'effeuiller et le ciseler tout aussi finement.

✓ Présenter au centre de chaque assiette, la viande nature. Séparer les blancs des jaunes. Ces derniers restent dans une demi-coquille que l'on pose au centre du steak en l'enfonçant un peu. Entourer la viande d'un petit tas de chaque préparation (oignons, herbes, câpres...).

✓ Poser sur la table, huile d'olive, Ketchup, sauce Worcestershire, tabasco, moutarde, sel et moulin à poivre. Le résultat est plus joli. Chacun fera son mélange, on a tout le temps, ça ne risque pas de refroidir.

♦ **Ou alors.** Pour les allergiques à l'oignon, remplacer celui-ci par 1 grosse botte de ciboulette. ♦ **Astuce.** Si l'on apprécie les tartares, investir dans un hachoir à lames tournantes que l'on actionne comme une toupie. Il servira pour tout ce qui doit être haché menu.

Variations

Tartare aller-retour

Pour les réfractaires à la viande crue, ceux qui veulent toujours manger chaud ou juste pour changer. Poêler le tartare 30 s de chaque côté, dans une poêle à revêtement antiadhésif, sur feu très vif avec quelques gouttes d'huile d'arachide fumante.

Prépa 20'
Cuisson 6'

Bo Bun

Prononcer bo boun. C'est un plat vietnamien complet qui mêle le cru, le cuit, le mariné, bourré de saveurs et de consistances inouïes. Prévoir de faire ses courses dans une épicerie chinoise.

Pour 6 personnes

Ingrédients
600 g de rumsteck
200 g de vermicelles de riz
3 gousses d'ail
3 tiges de citronnelle
2 carottes
6 feuilles de batavia
6 brins de menthe
150 g de cacahuètes grillées
3 cuil. à soupe de nuoc-mâm
Huile d'arachide

La sauce :
1 gousse d'ail
3 cuil. à soupe de nuoc-mâm
3 cuil. à soupe de vinaigre d'alcool
2 cuil. à soupe de sucre en poudre
4 cuil. à soupe d'eau
1/3 de cuil. à café de purée de piments

✓ Demander au boucher d'émincer le bœuf en fines lamelles.
✓ Peler les 4 gousses d'ail et en écraser 3 au-dessus d'un plat creux (garder 1 gousse pour la sauce). Retirer les feuilles dures de la citronnelle et s'arrêter lorsqu'on arrive à la partie tendre. Couper en fines rondelles et poser dans le plat creux. Verser le nuoc-mâm, 1 filet d'huile d'arachide et mettre la viande émincée à mariner dans ce mélange, le temps de préparer le reste.
✓ Éplucher les carottes, les rincer et les râper, côté gros trous de la râpe (en garder 1 pincée pour la sauce). Rincer les feuilles de salade et la menthe. Les sécher au torchon. La batavia sera coupée en grosses lanières et la menthe effeuillée et ciselée.
✓ Faire bouillir de l'eau, saler et y plonger les vermicelles pendant 4 min, les égoutter et les réserver.
✓ Concasser grossièrement les cacahuètes à l'aide d'un mortier ou d'un couteau.
✓ Préparer la sauce d'accompagnement en mélangeant tous les ingrédients (ail écrasé, nuoc-mâm, vinaigre, sucre, eau et piment) plus la pincée de carottes râpées.
✓ Dans un saladier à bord évasé ou des bols individuels superposer les ingrédients. D'abord les vermicelles, puis la salade, la menthe (en garder pour la décoration) et les carottes râpées.
✓ Dans une poêle à revêtement antiadhésif ou mieux un wok, faire chauffer 1 filet d'huile d'arachide. Égoutter la viande, quand l'huile fume, la saisir rapidement en remuant bien. Poser les lamelles de bœuf sur les autres ingrédients du Bo Bun.

✓ Arroser du jus de la marinade. Décorer avec la menthe réservée et les cacahuètes concassées. Présenter la sauce dans 3 petites coupelles placées entre les convives.

♦ **Ou alors.** La sauce. Léa, mon amie vietnamienne, remplace le vinaigre d'alcool par du jus de citron vert. Ici, le jus d'1 citron suffit. Si vous trouvez sa sauce trop forte, elle suggère de l'alléger en ajoutant un peu d'eau et de sucre. ♦ **Marché.** Si vous passez dans une épicerie chinoise pensez à acheter nougats chinois, gingembre et kumquat confits, caramels durs au sésame, tranches de coco séchées et sucrées…, fruits exotiques (mangue, ananas, litchis frais ou au sirop…). Ces commerces en proposent une grande variété à très bas prix. Un assortiment de dessert à 0 min de prépa.

56'
IDÉE MENU

Soupe de crevettes à la citronnelle	+	Bo Bun	+	Gâteau à la noix de coco
20'		26'		10'

Salade de bœuf à la citronnelle
À peu près le même plat, version salade.

Ingrédients : 500 g de faux filet en tranche(s) épaisse(s), 1 concombre, 3 ou 4 oignons nouveaux, 1 ou 2 tiges de citronnelle, 6 feuilles de batavia, coriandre, basilic chinois, cacahuètes grillées…

Concombre et oignons sont finement émincés. La viande est juste poêlée rapidement et coupée en fines lamelles sur une planche. Le reste est préparé comme précédemment dans un saladier ou des bols individuels en terminant par la viande et les herbes. Arroser de sauce.

Prépa 15'
Cuisson 50'

Bœuf à la ficelle

Oubliez les pot-au-feu, potées et poules au pot bien sympathiques. On laisse ça pour les week-end d'hiver quand on a un peu de temps. Dans cet esprit, il reste tout de même le bœuf à la ficelle, juste le temps d'éplucher quelques légumes.

Pour 6 personnes

Ingrédients

1,5 kg de filet de bœuf
3 grosses pommes de terre
3 carottes
3 navets
6 blancs de poireaux
1 oignon
1 branche de céleri
2 gousses d'ail
3 clous de girofle
1 cuil. à café de poivre en grains
Gros sel, sel fin

✓ Demander au boucher de ficeler la pièce de bœuf sans la parer. La laisser à température ambiante en rentrant chez vous.

✓ Éplucher pommes de terre, navets et carottes à l'économe, les rincer et les couper en deux. Peler l'ail et l'oignon et piquer ce dernier des clous de girofle. Rincer la branche de céleri et les poireaux.

✓ Poser tous ces légumes dans un grand faitout pouvant aisément accueillir la viande.

✓ Couvrir largement d'eau, saler au gros sel et verser les grains de poivre.

✓ Cuire 30 min, à feu vif d'abord puis quand le liquide bout, baisser un peu le feu.

✓ Pendant ce temps, sur la ficelle du boucher, à 1/3 de chaque extrémité dans la largeur, glisser une autre ficelle, faire un nœud à 10 cm environ pour obtenir une anse. Recommencer à l'autre extrémité. Les anses doivent être de taille égale. Passer une grande cuillère en bois dans les deux anses et la poser à cheval sur le faitout dans la longueur. La viande doit être totalement immergée dans le bouillon sans toucher le fond. La cuire 20 min.

✓ Retirer la pièce de bœuf et la couper en tranches. Égoutter les légumes et les présenter dans un plat à part.

✓ Comme pour un pot-au-feu, poser sur la table, moutardes, huile d'olive, gros sel, moulin à poivre, cornichons, chutneys, raifort ou tapenades…

♦ **Ou alors.** À la place d'un filet de bœuf entier, cuire de la même manière des pavés de filet de bœuf de 150 à 200 g, ficelés mais non bardés. Les plonger 4 à 5 min dans le bouillon. Plus rapide, sans légumes. Dissoudre 1 cube de bouillon de bœuf pour 50 cl d'eau et y plonger la viande entière ou les pavés. Servir avec une purée de légumes ou un autre accompagnement de légumes. Boire le bouillon le lendemain tel quel, si l'on a décidé de se mettre à la diète. Ou l'utiliser comme base d'une soupe. ♦ **Marché.** Il existe dans le commerce des blancs de poireaux prêts à cuire. Choisir des légumes de bonne taille, plus rapides à éplucher.

48'
IDÉE MENU

Trucs apéro	+ Bœuf à la ficelle et ses légumes	+ Salade	+ Vacherin	+ Flognarde aux poires
5'	20'	8'	0'	15'

BŒUF

Prépa 8'
Cuisson 15'

Bœuf sauté aux oignons

Pour 6 personnes

Ingrédients

600 g de steak ou de
  rumsteck
6 cm de gingembre frais
600 g d'oignons émincés
  surgelés
4 cuil. à soupe de sauce
  soja
2 cuil. à soupe de nuoc-
  mâm
3 cuil. à soupe d'huile
  d'arachide
Sel, poivre du moulin

✓ Dans un plat creux, verser la sauce soja, le nuoc-mâm. Éplucher le gingembre et le râper au-dessus du plat. Poivrer. Ne pas saler, les sauces le sont déjà.

✓ Couper le steak en très fines lamelles (ou bien demander au boucher de le faire) et les déposer dans la sauce au fur et à mesure qu'on les coupe. Bien mélanger et réserver.

✓ Poser une grande sauteuse ou un wok sur feu vif, verser 1 cuil. à soupe d'huile d'arachide. Quand elle est chaude, y faire revenir les oignons encore surgelés avec un peu de sel en remuant souvent jusqu'à ce qu'ils soient dorés (10 min). Réserver dans une assiette.

✓ Même opération pour la viande, sur feu vif, avec 2 cuil. à soupe d'huile (dans la même sauteuse ou wok). Quand l'huile est fumante, verser les lamelles de bœuf égouttées et les faire dorer rapidement en remuant sans arrêt pendant 2 à 3 min. Ajouter les oignons et la marinade de la viande ; bien mélanger et verser dans un plat de service. Servir avec du riz blanc.

♦ **Organisation.** Cette recette s'effectuant à la dernière minute, on peut couper la viande et la laisser mariner, faire revenir les oignons à l'avance et cuire le riz blanc que l'on réchauffera au micro-ondes avant de passer à table. ♦ **Ou alors.** Blanc de poulet ou de dinde, canard et porc coupés en fines lamelles, crevettes. Adapter les temps de cuisson. Ajouter 3 tiges de citronnelle à la marinade. Retirer les feuilles épaisses et couper la partie tendre en lamelles. Décorer le plat avec du persil ciselé ou de la coriandre fraîche. Préférer des légumes frais.

43'
IDÉE MENU

Trucs apéro	+	Bœuf sauté aux oignons	+	Riz blanc	+	Salade de mangues
5'		23'		5'		10'

Prépa 00'

Cuisson 45'

Goulasch

Plat hongrois idéal pour soirées d'hiver.

Pour 6 personnes

Ingrédients
1 kg de bœuf (macreuse, paleron...)
200 g de lardons
5 grosses poignées d'oignons émincés surgelés
1 cuil. à soupe de concentré de tomate
1 feuille de laurier
2 cuil. à soupe de paprika
25 cl de crème liquide
4 cuil. à soupe d'huile d'arachide
Sel, poivre du moulin

✓ Demander au boucher de couper le bœuf en lamelles ou en petits cubes.

✓ Dans une grande poêle, chauffer 3 cuil. à soupe d'huile d'arachide et y faire revenir les oignons encore surgelés.

✓ Pendant ce temps, faire revenir les lardons puis la viande dans une cocotte, avec 1 cuil. à soupe d'huile.

✓ Quand les oignons commencent à blondir, les verser dans la cocotte sur les lardons et la viande. Ajouter le paprika, le concentré de tomate et la feuille de laurier. Verser 1 verre d'eau chaude, saler, poivrer et bien mélanger. Baisser le feu, couvrir et cuire (au moins 35 min) jusqu'au moment de passer à table. La sauce doit être courte. S'il en manque, ajouter un peu d'eau chaude mais l'ensemble ne doit jamais baigner dans le jus.

✓ La crème sera sortie à l'avance pour être à chaleur ambiante et versée dans le goulasch juste avant de servir.

♦ **Ou alors.** Remplacer l'huile par du saindoux, c'est plus conforme. ♦ **Idéal avec.** Des pommes de terre vapeur, tagliatelle ou riz blanc préparés pendant la cuisson du goulasch.

30'
IDÉE MENU

Trucs apéro +	Goulasch +	Fondue de chou rouge +	Cheesecake
5'	10'	5'	10'

BŒUF
Variations

Bœuf Strogonoff

On procède exactement de la même façon (cuisson des oignons et du bœuf sans lardons).
Seul l'assaisonnement diffère un peu. Pour cette quantité de viande, prévoir 1 cuil. à soupe
rase de paprika, 2 cuil. à soupe rases de moutarde de Dijon, 25 cl de crème liquide, sel et
poivre du moulin.

On peut ajouter des champignons émincés dans la cocotte, une fois la viande revenue.
Attendre qu'ils aient lâché leur jus et ajouter oignons revenus à part et assaisonnement.

Prépa 3'
Cuisson 35'

Filet de bœuf rôti

C'est souvent ainsi que la viande est la meilleure à condition d'être de toute première qualité. Pendant que le rôti cuit au four, on a tout le temps de préparer le reste du repas ou de mettre la table... Ne rien prévoir d'autre à cuire au four. Sinon cuire le rôti à la cocotte.

Pour 6 personnes

Ingrédients
1,5 kg de filet de bœuf
    ficelé sans barde
Huile d'arachide ou beurre
Sel, poivre du moulin

✓ Laisser le rôti à température ambiante.
✓ Préchauffer le four à 240 °C, th. 8.
✓ Dans un plat allongé allant au four, placer le rôti et l'enduire d'huile ou de beurre ramolli.
✓ Cuire 30 min dans le four à mi-hauteur. Arroser le rôti à mi-cuisson. Lorsque la cuisson du rôti est terminée, le laisser 5 min, four éteint, porte entrouverte.
✓ Poser le rôti sur une planche en bois et le couvrir de papier alu pour l'empêcher de refroidir.
✓ Déglacer la sauce en versant 1 filet d'eau très chaude dans le plat de cuisson posé sur feu moyen. Gratter le fond du plat avec le dos d'une fourchette. Saler, poivrer et verser dans une saucière ou un bol.
✓ Découper le rôti en tranches moyennes (1 bon cm d'épaisseur). Retirer la ficelle et déposer les tranches dans le plat de service. Laisser en attente dans le four. Verser le sang dans la saucière au fur et à mesure qu'il coule.
✓ Poser 2 salières et 2 moulins à poivre sur la table, chacun assaisonnera sa viande plus rapidement, celle-ci refroidit vite.

♦ **Info.** Compter 10 min par livre, un peu moins si le rôti est plutôt long et mince. ♦ **Astuce.** Il est impératif de laisser la viande à température ambiante. La cuisson du filet est très rapide, l'intérieur bien saignant doit être chaud. On ne sale pas les viandes rouges à l'avance, elles perdraient une partie de leur sang pendant la cuisson. Avant la cuisson au four, on peut dorer le rôti dans une poêle ou une cocotte. ♦ **Ou alors.** Cuisson à la cocotte. Sur feu fort, bien dorer le rôti sur toutes ses faces puis continuer la cuisson à feu doux (20 min). Poser le couvercle en travers de la cocotte.

30'
IDÉE MENU

Salade au magret ou Crudités citron	+ Bœuf rôti	+ Purée de pommes de terre	+ Sorbets
10'	5'	15'	0'

Variations

Côte de bœuf rôtie

Préparation : 5 min.

Cuisson : 45 min.

Ingrédients : 1 côte de bœuf de 2 kg, huile d'arachide, sel, poivre du moulin.

Préchauffer le four, chaleur maximum. Enduire la côte de bœuf d'un peu d'huile en la malaxant. Enfourner. Au bout de 15 min, baisser la température à 210 °C, th. 7.

♦ **Ou alors.** À la cocotte : préférer 2 côtes de 1 kg chacune. Bien dorer les 2 faces sur feu très vif, baisser le feu et cuire 5 min sur chaque face en posant le couvercle en travers de la cocotte.

Prépa 10'
Cuisson 30'

Confit de canard,
pommes sarladaises

Pour 6 personnes

Ingrédients

6 cuisses de canard
confites
1,5 kg de pommes de terre
à chair ferme
3 gousses d'ail
1/4 de bouquet de persil
plat
Sel, poivre du moulin

✓ Éplucher les pommes de terre, les couper en rondelles de 0,5 cm. Les rincer, les égoutter et les essuyer au torchon.

✓ Débarrasser grossièrement les cuisses de leur graisse (la réserver pour les pommes de terre) et les tiédir à feu doux soit dans 2 poêles, soit au four.

✓ Pendant ce temps, dans une grande sauteuse, faire chauffer 4 bonnes cuil. à soupe de la graisse de canard récupérée. Y faire revenir les rondelles de pommes de terre, sur feu moyen en mélangeant régulièrement.

✓ Éplucher l'ail et l'émincer. Rincer, sécher, effeuiller et ciseler le persil.

✓ Au bout de 20 min, les pommes de terre sont presque cuites, ajouter l'ail émincé. Terminer la cuisson et rectifier l'assaisonnement. Les verser dans un plat creux et les décorer de persil ciselé.

✓ Égoutter les cuisses de canard quelques secondes sur du papier absorbant avant de les servir.

♦ **Ou alors.** Si l'on veut présenter ces pommes de terre en garniture d'une autre viande, les cuisiner avec 130 à 150 g de saindoux ou de graisse d'oie.

35'
IDÉE MENU

Trucs apéro	+	Confit, pommes sarladaises	+	Salade aux herbes	+	Glaces
5'		20'		10'		0'

Prépa 2'
Cuisson 10'

Magrets de canard

Le magret est le « blanc » des canards engraissés pour la production du foie gras. Ce filet n'en a pas moins l'allure d'une viande rouge couverte d'une épaisse peau grasse. L'avantage est que pour rester savoureux, il cuit en un rien de temps et presque invariablement de la même façon. Autre avantage, il autorise du même coup une multitude de variations quant à son assaisonnement. Compter 1 magret pour 2 personnes.

Pour 6 personnes

Préparation avant et après la cuisson

Ingrédients
3 magrets de canard
Sel, poivre du moulin

✓ Laisser les magrets à température ambiante.
✓ À l'aide d'un couteau bien aiguisé, tracer des croisillons dans la peau grasse du magret.
✓ Chauffer une poêle à revêtement antiadhésif (ou une plaque en fonte, une sauteuse ou une cocotte) sur feu très vif et y poser les magrets, côté peau. Cuire 8 min, en les arrosant du gras rendu et en surveillant. Jeter le gras de cuisson. Retourner les magrets côté chair et continuer la cuisson, 2 à 3 min à feu moyen. Écraser et piquer de temps en temps la peau grasse pour que le gras continue de fondre et d'imprégner la chair.
✓ Découper les magrets sur une planche en bois en les tranchant en biais. On obtient des lamelles un peu épaisses. Poser sur le plat de service, saler et poivrer. Servir aussitôt.

♦ **Idéal avec.** Comme pour une viande rouge, servir avec une poêlée ou une purée de légumes. Le magret ainsi rôti s'accommode très bien de fruits poêlés ou rôtis. ♦ **Astuce.** Si l'on a une petite manipulation à effectuer après la cuisson des magrets, les enfermer entiers entre 2 assiettes creuses ou les laisser dans l'ustensile de cuisson, feu éteint mais posés côté peau.

40'
IDÉE MENU

Trucs apéro +	Magrets +	Purée de céleri +	Salade +	Reblochon +	Brownies de Véro
5'	12'	5'	8'	0'	10'

CANARD

Variations

Magrets au vinaigre

10 cl de vinaigre de vin vieux ou de xérès.

Maintenir les magrets au chaud entre 2 assiettes.

Jeter le gras de cuisson et verser le vinaigre au fond de la poêle. Frotter avec le dos d'une fourchette en bois, laisser bouillir, ajouter le jus rendu par les magrets, bien mélanger et arroser les tranches de magrets.

Si l'on aime, on peut poser sur la table, moutarde, bien sûr, mais aussi, chutney de fruits (mangue, abricots...), ou une compote d'oignons.

Magrets à l'aigre-doux

Après l'ébullition du vinaigre, ajouter 3 cuil. à soupe de confiture (coing, griottes...), de gelée de fruits rouges ou 1 bonne cuil. à soupe de miel liquide (acacia).

Miel et jus d'agrume. Remplacer le vinaigre par le jus d'1 pamplemousse ou de 2 oranges pour déglacer la poêle et ajouter 3 cuil. à soupe de miel d'acacia.

Magrets aux fruits

Peler 6 belles pêches, les couper en deux et retirer le noyau ou utiliser des pêches au sirop de bonne qualité et les égoutter.

Maintenir les magrets au chaud entre 2 assiettes.

Poêler les demi-pêches avec 1 bonne noisette de beurre (doux ou salé) et servir avec les magrets tranchés.

On peut remplacer les pêches par des poires, des abricots, des gros grains de raisin blanc, des morceaux de coing, des mirabelles ou des figues (les choisir petites pour les laisser entières)...

Les fruits pourront être légèrement poudrés de sucre ou de cassonade ou enrobés de miel liquide au moment de leur cuisson, voir *Fruits poêlés* (p. 261).

Les magrets, eux, seront cuits nature ou à l'aigre-doux.

♦ **Ou alors.** Pour ces trois dernières recettes, on peut remplacer le magret par du filet mignon de porc.

Prépa 22'
Cuisson 40'

Parmentier
au confit de canard

Quoi de plus convivial qu'un hachis parmentier. Cuisiné avec des restes de viandes d'un pot-au-feu, il suppose des heures de préparation en amont. Inutile de dire que dans le cadre de ce livre, où le temps nous est compté, cette version traditionnelle est irréaliste. Une bonne occasion de le déguster autrement. La chair de bœuf sera remplacée par du confit de canard, du boudin ou plus léger, du poisson.

Pour 6 personnes

Préparation avant et
pendant la cuisson

Ingrédients
6 cuisses de canard confites
Purée de pommes de terre
  (voir p. 145)
Beurre
Sel, poivre du moulin

✓ Éplucher les pommes de terre et les faire cuire.
✓ Pendant la cuisson des pommes de terre, retirer un maximum de graisse autour des cuisses de canard. Les faire tiédir 10 à 15 min sur feu doux dans une sauteuse à revêtement anti-adhésif.
✓ Les retirer à l'aide d'une écumoire pour ne pas entraîner le gras qui a fondu et les poser sur du papier absorbant.
✓ Pendant qu'elles refroidissent un peu, préchauffer le four à 210 °C, th. 7. Beurrer un plat à gratin. Ôter la peau des cuisses de canard et émietter la chair dans le plat.
✓ Préparer la purée et la verser dans le plat sur la chair de canard.
✓ Parsemer de noisettes de beurre et faire gratiner au four.

41'
IDÉE MENU

Trucs apéro	Parmentier au confit de canard	Salade	Fromage blanc au miel
5'	25'	8'	3'

CANARD

◆ **Ou alors.** Pour gagner du temps, réaliser la purée avec de la purée de pommes de terre surgelée nature. Plus léger. La remplacer par de la *Purée de céleri-rave* (voir p. 152). Dans tous les cas on peut verser une couche de purée au fond du plat, étaler la chair du confit et recouvrir du reste de purée.

Variations

Parmentier au boudin
Remplacer le canard par l'équivalent de 6 belles portions de boudin aux oignons.
Retirer la peau du boudin, étaler la chair dans un plat à gratin et procéder comme précédemment.
On trouve dans le commerce de l'excellent boudin en boîte, de fabrication artisanale. Très pratique pour cette recette.

Parmentier au poisson
Ingrédients : 1,2 kg de filets de poisson (merlan, cabillaud...), 3 cuil. à soupe d'échalotes coupées surgelées, 1/2 bouquet de persil plat.
Pendant la cuisson des pommes de terre, couper les filets de poisson en morceaux. Rincer, sécher, effeuiller et ciseler le persil.
Dans une sauteuse à revêtement antiadhésif, faire revenir doucement les échalotes encore surgelées dans le beurre (sans coloration) et y cuire le poisson à l'étouffée avec le persil ciselé et 1 noix de beurre. Saler, poivrer, couvrir et cuire 5 à 10 min. S'il y a trop de jus, finir la cuisson à découvert. Le poisson doit être à peine cuit, sans jus mais il ne doit ni sécher ni colorer.
Émietter le contenu de la sauteuse dans un plat à gratin et continuer comme précédemment.

Prépa 6'
Cuisson 45'

Lapin à la moutarde

C'est l'une des viandes les plus maigres. On trouve du lapin dans les grandes surfaces, découpé et prêt à l'emploi.

Pour 6 personnes

Préparation avant et après
la cuisson

Ingrédients
2 petits lapins
50 g de beurre
20 cl de crème liquide
1 trait d'huile d'arachide
6 cuil. à soupe de
moutarde de Dijon
20 cl de vin blanc sec
1 bonne pincée de thym
Sel, poivre du moulin

✓ Demander au boucher de couper les lapins aux jointures.
✓ Préchauffer le four à 210 °C, th. 7.
✓ Huiler un grand plat allant au four. Bien enrober les morceaux de lapin de moutarde (4 ou 5 cuil. à soupe) et les poser dans le plat. Saler légèrement, poivrer, parsemer de beurre, de thym, verser le vin et enfourner pour 45 min. De temps en temps, retourner les morceaux et les arroser de sauce.
✓ Réserver les morceaux de lapin dans le plat de service.
✓ Poser le plat de cuisson sur feu doux, verser la crème liquide, ajouter 1 ou 2 cuil. à soupe de moutarde et bien racler le fond du plat avec le dos d'une fourchette pour dissoudre les sucs de cuisson. Rectifier l'assaisonnement et verser cette sauce sur le lapin.

♦ **Idéal avec.** Des tagliatelle, du riz blanc ou des pommes de terre vapeur ou des épinards.

40'
IDÉE MENU

Trucs apéro	+ Lapin à la moutarde	+ Épinards	+ Riz blanc	+ Fruits en papillote
5'	10'	5'	10'	10'

Prépa 2'
Cuisson 30'

Râbles de lapin
à la sauge

Pour 6 personnes

Ingrédients
3 râbles de lapin
12 feuilles de sauge
2 branches de thym
1/2 citron (zeste)
10 cl de vin blanc sec
3 cuil. à soupe d'huile
d'olive
Sel, poivre du moulin

✓ Demander au boucher de trancher les râbles assez finement.
✓ Rincer les feuilles de sauge.
✓ Dans une sauteuse, faire dorer les morceaux de lapin dans l'huile d'olive avec thym, sel et poivre. Verser le vin et la sauge, attendre la reprise de l'ébullition. Pendant ce temps, râper le zeste du demi-citron au-dessus de la sauteuse. Baisser le feu et couvrir. Laisser mijoter 20 min.

♦ **Idéal avec.** Tagliatelle au beurre, polenta, riz pilaf, pommes de terre vapeur. ♦ **Marché.** Si par bonheur, vous trouvez du thym citron, le préférer à l'autre et supprimer le zeste de citron. ♦ **Ou alors.** Si l'on n'apprécie pas la sauge, la remplacer par de l'estragon.

21'
IDÉE MENU

Salade aux deux tomates + Râbles de lapin à la sauge + Polenta + Îles blanches de Danièle
8'   5'   5'   3'

Prépa **2'**
Cuisson **60'**

Le porc au caramel
de Manu

**Un des plats préférés de mon fils cadet Emmanuel,
déjà un excellent cuisinier.
Un résultat à l'air élaboré voire savant.
Une des rares recettes rapides à base de porc.**

Pour 6 personnes

Préparation pendant
la cuisson

Ingrédients
900 g d'échine de porc
900 g de poitrine de porc
fraîche
4 à 6 gousses d'ail
1/2 botte de ciboulette
2 cuil. à soupe rases de
farine ou de Maïzena
1 cuil. à soupe d'huile
d'arachide
120 g de sucre en poudre
12,5 cl de nuoc-mâm
1 cuil. à soupe rase de
poivre du moulin

✓ Demander au boucher de couper la viande en dés de 3 cm de côté. Il aura préalablement retiré la couenne et la plus grosse couche de graisse de la poitrine.

✓ Dans une grande sauteuse (cocotte ou wok), faire revenir la viande sur feu moyen avec 1 cuil. à soupe d'huile d'arachide sans la saisir. Elle doit à peine colorer.

✓ Augmenter le feu, poudrer de sucre et attendre qu'il caramélise sans cesser de remuer. Cette opération dure environ 5 min (pendant ce temps éplucher l'ail). Au début, il ne se passe rien. Le fond est noir, on ne voit rien puis tout à coup le sucre caramélise et la viande s'enrobe d'un sirop brun.

✓ Saupoudrer de farine, bien mélanger puis ajouter le nuoc-mâm, le poivre, l'ail écrasé et 75 cl d'eau chaude en plusieurs fois sans cesser de remuer. Dès la reprise de l'ébullition, baisser légèrement le feu en laissant frémir pendant quelques minutes à découvert. Couvrir, baisser complètement le feu et cuire au moins 45 min. Nul besoin de rectifier l'assaisonnement, le nuoc-mâm apporte suffisamment de sel. La viande doit être fondante et caramélisée, la sauce brune et sirupeuse.

✓ Pendant ce temps, on aura rincé, séché et ciselé la ciboulette dont on parsèmera le plat de service.

PORC

♦ **Astuce.** Si vos invités ont un peu de retard ou que l'apéritif se prolonge, laisser le porc continuer de mijoter jusqu'au moment de passer à table. Le porc supporte une longue cuisson, il n'en sera que plus fondant. Le couvercle doit être bien hermétique. Surveiller tout de même, le caramel peut attacher et brûler. Avant d'en arriver là, ajouter de temps en temps 1 filet d'eau chaude et bien mélanger. En fait cette recette est une entorse à la manière traditionnelle où l'on fait bouillir le porc en l'écumant longtemps. La pointe de farine ou de Maïzena est là pour favoriser un épaississement plus rapide. ♦ **Info.** Traditionnellement, on parsème le plat de ciboules coupées en fines rondelles mais celles-ci sont plus difficiles à trouver. ♦ **Marché.** Choisir du nuoc-mâm bien ambré pour qu'il contribue à la belle couleur finale de ce plat. Trop souvent, on ne trouve que du nuoc-mâm très clair. ♦ **Idéal avec.** Manu aime accompagner ce plat de riz gluant un peu trop long à préparer. Cuisiner 200 g de *Vermicelles de riz* (voir p. 96) cela ne durera pas plus de 5 min. À défaut, préparer du riz blanc.

35'

IDÉE MENU

Trucs apéro	+ Porc au caramel	+ Vermicelles de riz	+ Salade de fruits exotiques
5'	10'	5'	15'

Prépa 5'
Cuisson 30'

Filet mignon de porc
aux épices et aux zestes

Le porc surtout cuisiné en grosses pièces, demande largement plus d'1 heure de cuisson. Seul le filet mignon, très tendre, de forme étroite, se dégustant pas trop cuit peut être envisagé.

Pour 6 personnes

Ingrédients

3 morceaux de filet de porc de 400 g chacun
1 cuil. à café de 4-épices
1 cuil. à soupe de coriandre concassée
1 cuil. à soupe de gingembre en poudre
1 cuil. à soupe de poivre mignonnette
3 cuil. à soupe de miel d'acacia
1 zeste d'orange
2 cuil. à soupe d'huile d'olive
Sel, poivre du moulin

✓ Mélanger 4-épices, coriandre, gingembre, poivre mignonnette, miel, zeste de l'orange finement râpé, sel et 1 cuil. à soupe d'huile. Rouler les filets mignons dans ce mélange, bien les enduire. Laisser en attente le plus longtemps possible.
✓ Dans une cocotte, les faire revenir sur toutes les faces à feu vif avec 1 cuil. à soupe d'huile. Baisser le feu et cuire 30 min en tout en retournant les filets à mi-cuisson.
✓ Poser la viande sur un plat de service. Ajouter 1 filet d'eau chaude dans le récipient de la marinade, la délayer. Verser dans la cocotte et gratter le fond avec une fourchette sur feu moyen. Arroser les filets de cette sauce sirupeuse.

♦ **Ou alors.** Compter 15 min de cuisson par livre. Entier, prévoir 30 min, une fois revenu. Sinon, le poêler en tranches épaisses comme des tournedos. Remplacer le zeste d'orange par un zeste de citron. Remplacer l'huile de cuisson par du beurre. ♦ **Idéal avec.** Des fruits poêlés : pommes, pêches, poires, coings, épluchés, coupés en grosses lamelles et rissolés dans du beurre avec un peu de jus de cuisson des filets.

32'
IDÉE MENU

Bouillon aux ravioles	+ Filet mignon	+ Purée de céleri	+ Compote mixte aux épices
7'	5'	5'	15'

PORC

Prépa 00'
Cuisson 40'

Saucisson de Lyon
poché

Simplissime, un jeu d'enfants même pour les débutants. Pour dîners d'hiver, avec une salade de pommes de terre et une salade verte. On ne voit vraiment pas pourquoi on s'en priverait.

Pour 6 personnes

Ingrédients
2 ou 3 saucissons de Lyon

✓ Mettre les saucissons dans une marmite, les recouvrir d'eau froide. Poser sur feu vif, dès l'ébullition, baisser légèrement le feu pour que l'eau reste frémissante.

✓ Quand c'est cuit, les égoutter à l'aide d'une écumoire. Les poser sur le plat de service. Les piquer et les découper en tranches.

♦ **Ou alors.** Remplacer le saucisson de Lyon par de la saucisse de Morteau. ♦ **Astuce.** Préparés un peu à l'avance, on peut laisser les saucissons entiers, en attente dans leur eau de cuisson, feu éteint avec un couvercle. ♦ **Idéal avec.** Salade de pommes de terre, purée de légumes, lentilles, choucroute.

40'
IDÉE MENU

Salade de pommes de terre + Saucissons de Lyon + Salade + Flognarde aux fruits de saison
15'   2' 8' 15'

Prépa 5'
Cuisson 15'

Ailes de poulet
à la libanaise

Pour 6 personnes

Ingrédients

24 ailes de poulet
2 citrons (jus)
6 gousses d'ail
1 dose de safran
1 cuil. à café de cannelle
    en poudre
1 cuil. à café de cumin
    en poudre
1 cuil. à café de paprika
1 cuil. à café de sumac
1 cuil. à café de thym
1 trait d'huile d'olive
Sel, poivre du moulin

✓ Presser les citrons et verser le jus dans un plat creux avec l'huile d'olive et toutes les épices, saler, poivrer et mettre les ailes de poulet à mariner dans ce jus. Peler les gousses d'ail et les écraser au-dessus du plat. Bien mélanger et laisser les ailes dans la marinade jusqu'au moment de les cuire en les retournant de temps en temps.
✓ Préchauffer le four sur position gril.
✓ Huiler la grille du four, la poser sur la lèchefrite. Disposer les ailes sur la grille et faire dorer 5 à 8 min sur chaque face en arrosant de la marinade.

38'
IDÉE MENU

Trucs apéro (tarama, houmous) + Ailes de poulet + Boulgour + Salade d'oranges
        5'   15'   3'   15'

Prépa **00'**
Cuisson **15'**

Curry de poulet

Le curry avec son riz est un plat unique. Supprimer entrées, salade et desserts trop élaborés. Jouer léger, une glace, un sorbet, quelques fruits exotiques pour terminer. Pour faire la différence, couvrir la table de condiments indiens achetés tout prêts, chutneys doux et piquants, sauce à la menthe et si l'on a le temps de petites préparations simples telles que mangue fraîche émincée, bananes en rondelles citronnées, concombre au yaourt, pour décorer la table et rafraîchir le palais.

Pour 6 personnes

Ingrédients

1,2 kg de blancs de poulet
3 cuil. à café d'ail coupé
    surgelé
3 grosses poignées
    d'oignons surgelés
    en cubes (300 g)
1 petite boîte de pulpe
    de tomate (ou pelées)
150 g d'amandes effilées
3 clous de girofle
1 bâton de cannelle
3 cuil. à soupe rases
    de pâte de curry
2 doses de safran
1 yaourt nature au lait entier
1 boîte de lait de coco
Huile d'arachide + beurre
Sel

✓ Demander au boucher d'émincer les blancs de poulet en très fines lamelles.

✓ Dans une cocotte ou une très grande sauteuse posée sur feu vif, faire revenir les cubes d'oignon encore surgelés dans un peu d'huile d'arachide et 1 noix de beurre, avec du sel, les clous de girofle et l'ail surgelé pendant 2 min.

✓ Ajouter la pâte de curry, attendre 1 min puis verser les lamelles de poulet que l'on fait également revenir. Bien mélanger et toujours sur feu vif, ajouter le yaourt, le lait de coco, les tomates, le bâton de cannelle et le safran. Goûter et rectifier l'assaisonnement. Cuire 10 min à feu doux sans couvrir tant que la sauce est liquide. Dès qu'elle devient sirupeuse, couvrir.

✓ Pendant ce temps, préparer un *Riz indien* (voir p. 117).

✓ Faire griller les amandes à sec dans une poêle à revêtement antiadhésif.

✓ Servir séparément le curry et le riz enrichi d'amandes grillées.

♦ **Ou alors.** On peut supprimer les tomates (ou les remplacer par 2 cuil. à soupe de concentré) et, faute de temps, les amandes. Remplacer la pâte de curry par du curry en poudre. Ce curry se confectionne à l'identique avec du bœuf ou de

POULET

l'agneau coupés en lamelles, du poulet en tout petits morceaux ou de la chair de poisson en gros cubes, penser alors à adapter les temps de cuisson. ♦ **Astuce.** On fait toujours revenir les oignons et les épices avec la matière grasse en début de cuisson. Quand on utilise oignons ou ail surgelés, attendre que l'eau qu'ils libèrent commence à s'évaporer pour ajouter les épices. ♦ **Info.** Le curry est avant tout un mélange d'épices qui existe en pâte et en poudre. Selon les marques et les provenances, on y trouve : cumin, gingembre, coriandre et parfois clous de girofle, cayenne, curcuma... Mieux vaut le choisir doux (*mild*) et éviter de poivrer le plat. Même les pâtes de curry dites douces sont relevées, notamment par le gingembre et la poudre de cayenne. Que les clous de girofle fassent partie du curry ou pas, en ajouter 3 ou 4, leur goût est indispensable. Idem pour la cannelle, relever la sauce d'1 ou 2 petits bâtons de cannelle. ♦ **Marché.** Épices, pâtes et poudres de curry, chutney, riz basmati, lait de coco... On trouve aujourd'hui sans difficultés tous ces produits, dans les grandes surfaces. Mais un bon curry s'achète dans des boutiques ou rayons spécialisés. Trop ordinaire, il banaliserait le plat.

30'
IDÉE MENU

Trucs apéro	+	Curry de poulet	+	Curry de légumes	+	Riz blanc	+	Glaces
5'		5'		15'		5'		0'

Prépa 2'
Cuisson 10'

Brochettes de poulet
tandoori

Pour 6 personnes

Ingrédients
1,2 kg d'aiguillettes
    de poulet
1 yaourt nature au lait
    entier
3 cuil. à soupe de pâte
    de tandoori
2 citrons (jus)
Sel, poivre du moulin

✓ Préchauffer le four sur position gril.
✓ Dans un grand saladier, mélanger le yaourt, la pâte de tandoori et le jus d'1 citron. Saler, poivrer et y faire mariner les aiguillettes de poulet jusqu'au moment de les cuire.
✓ Enfiler les morceaux de poulet égouttées sur des brochettes ou des piques en bois (préalablement trempés dans de l'eau). Les disposer sur la grille du four au-dessus de la lèchefrite, à 10 cm du gril, et faire cuire 10 min en retournant les brochettes à mi-cuisson. Servir arrosé de jus de citron.

♦ **Info.** Le tandoori est, en Inde, le four dans lequel cuit ce poulet mariné avec un mélange d'épices composé de coriandre, curcuma, gingembre, ail en poudre, paprika, cumin, macis, noix muscade, clous de girofle, cannelle, chili, etc. On trouve à présent d'excellents mélanges tout prêts sous le nom de pâte de tandoori en bocal de verre. ♦ **Astuce.** Cuire les aiguillettes de poulet dans une poêle à revêtement antiadhésif. Faire revenir sur feu vif avec quelques gouttes d'huile d'arachide. C'est tout aussi bon et encore plus rapide.

40'
IDÉE MENU

Trucs apéro (fromage blanc) +	Brochettes +	Curry de légumes +	Salade de mangues
5'	10'	15'	10'

Poulet tikka
Remplacer la pâte de tandoori par de la pâte tikka. Utiliser du blanc de poulet coupé en cubes.
♦ **Ou alors.** On peut procéder de même avec des filets de poisson à griller ou à poêler.

Prépa 3'
Cuisson 30'

Tajine de poulet
aux fruits secs et amandes

Un des tajines les plus traditionnellement servis au Maroc.

Pour 6 personnes

Préparation pendant
la cuisson

Ingrédients
1,2 kg de poulet
(aiguillettes et pilons)
3 poignées d'oignons
émincés surgelés
2 cuil. à café d'ail coupé
surgelé
1/2 bouquet de coriandre
1/2 bouquet de persil plat
400 g de fruits secs
(pruneaux + abricots)
150 g d'amandes
émondées
2 cuil. à café rases de
gingembre en poudre
2 cuil. à café rases de
curcuma
1 dose de safran
1 pincée de noix muscade
en poudre
1 bonne pincée de cannelle
10 cl d'huile d'olive
Sel, poivre du moulin

✓ Dans une cocotte, verser 1 trait d'huile d'olive et y faire revenir les oignons et l'ail encore surgelés sur feu vif jusqu'à ce qu'il n'y ait plus de liquide. Cela doit commencer à sécher sans prendre coloration.

✓ Pendant ce temps, rincer, effeuiller et ciseler la coriandre et le persil. Préparer les épices dans une petite coupelle.

✓ Ajouter dans la cocotte épices mélangées, herbes ciselées et pilons de poulet. Verser un peu d'eau juste au 2/3 des aliments. Saler et poivrer. Démarrer la cuisson sur feu fort, dès l'ébullition, couvrir et cuire 20 min à feu doux.

✓ Faire gonfler les fruits secs dans de l'eau chaude. Les égoutter.

✓ Ajouter les aiguillettes puis les fruits secs et continuer la cuisson 10 min.

✓ Les amandes seront dorées à sec dans une poêle à revêtement antiadhésif puis éparpillées sur le tajine au moment de le servir.

♦ **Astuce.** Les aiguillettes sont plus charnues que les lamelles de blanc de poulet, plus présentables et pas plus longues à cuire, c'est pourquoi on commence par les pilons dont la chair est plus ferme. ♦ **Ou alors.** Remplacer le poulet par de l'épaule d'agneau désossée et coupée en petits cubes ou en très fines lamelles. Dans ce cas, compter un minimum de 45 min de cuisson et laisser le tajine sur le feu jusqu'au moment de passer à

table. Fruits secs : cuisiner des pruneaux (24) seuls, des abricots ou de gros raisins secs ou bien un mélange de ces fruits.
♦ **Marché.** On trouve d'excellents pruneaux dénoyautés.

43'
IDÉE MENU

Trucs apéro +	Tajine de poulet aux fruits secs et amandes +	Couscous +	Salade d'oranges
5'	15'	8'	15'

Prépa 5'
Cuisson 20'

Tajine de poulet
aux oignons et persil

Ce tajine est tunisien.

Pour 6 personnes

Ingrédients

1,2 kg d'aiguillettes
de poulet
300 g d'oignons émincés
surgelés
4 cuil. à café d'ail coupé
surgelé
1/2 bouquet de persil plat
1 cuil. à soupe de coulis
de tomate
2 pincées de noix muscade
en poudre
1 pincée de cannelle
en poudre
1 sachet de Spigol
4 cuil. à soupe d'huile
d'olive
Sel, poivre du moulin

✓ Dans une poêle, faire revenir les oignons encore surgelés avec 1 cuil. à soupe d'huile d'olive jusqu'à ce qu'il n'y ait plus de liquide.
✓ Dans une sauteuse, faire revenir le poulet dans le reste l'huile d'olive jusqu'à ce qu'il blondisse légèrement. Ajouter les oignons, le coulis de tomate et l'ail surgelé. Verser de l'eau au 2/3 des aliments, porter à ébullition, puis baisser le feu. Poudrer de noix muscade, de cannelle et de Spigol, rectifier l'assaisonnement en sel. Couvrir et laisser mijoter 15 min.
✓ Rincer le persil, l'effeuiller et le ciseler.
✓ Poivrer et garnir le plat de persil.

♦ **Idéal avec.** Du riz et/ou des légumes à cuire dans le tajine (petits pois et/ou fonds d'artichauts surgelés, courgettes…) une fois le poulet revenu. ♦ **Info.** Le Spigol est le safran du pauvre. C'est un mélange d'épices qui contient 3 % de safran. On peut le remplacer par du Paellero ou du Rizdor.

38'
IDÉE MENU

Trucs apéro (olives, boutargue, pistaches) + Tajine + Couscous + Salade fraises/bananes
5'   15'   8'   10'

POULET

Variations

Tajine de poulet au céleri

Mêmes ingrédients que pour le poulet aux oignons (tomates, noix muscade et cannelle excep-tées) auxquels on ajoute 1 pied de céleri-branche.

Choisir un pied de céleri aux feuilles bien vertes. Le rincer et le couper là où commencent les feuilles. N'utiliser que la partie des branches avec feuilles, que l'on coupe en petits morceaux de 1 cm. Les verser dans la sauteuse en même temps que les oignons. Puis, continuer la recette comme précédemment.

POULET

Prépa 20'
Cuisson 5'

Poulet et légumes au sésame de Lino... au wok

Lino, c'est mon amie Evelyne l'une des meilleures convives qu'on puisse rêver. Elle aime tout, en redemande et reste incroyablement mince. Un peu énervant non ? Et si le secret était au fond du wok ? La cuisson au wok fait fureur, certains restaurants en ont même fait une spécialité exclusive. Chacun choisit son mélange de viande et/ou de légumes et profite du spectacle du plat en train de se préparer sous ses yeux. Une chose est sûre, c'est frais et on sait ce qu'on mange. Au-delà du phénomène de mode, un engouement bien compréhensible. Ce mode de cuisson répond à toutes les préoccupations actuelles en matière d'alimentation. Rapide, sain, assez facile et diététique.Tous les produits se trouvent aisément sur le marché. Alors, investissez dans un wok (grande poêle à hauts bords évasés) ou à défaut utilisez votre bonne vieille sauteuse.

Pour 6 personnes

Ingrédients

600 g de blancs de poulet
3 gousses d'ail
3 cuil. à soupe rases de gingembre frais
6 oignons nouveaux
300 g de carottes
2 courgettes
1 barquette de 250 g de champignons de Paris émincés et lavés
2 branches de céleri
1 bouquet de coriandre
6 cuil. à soupe de sauce soja

➜

✓ Peler les gousses d'ail et le gingembre. Émincer les blancs de poulet en lamelles très fines.

✓ Écraser l'ail et râper le gingembre au-dessus d'un plat creux, verser la sauce soja, 1 cuil. à soupe d'huile d'arachide puis les lamelles de poulet. Bien mélanger. Réserver le temps de préparer le reste.

✓ Faire bouillir de l'eau chaude au micro-ondes et verser sur les nouilles chinoises. Couvrir, attendre 6 min puis les égoutter.

✓ Pendant ce temps, éplucher et émincer les oignons. Peler les carottes, rincer les courgettes (sans les éplucher) et râper le tout côté gros trous de la râpe. Émincer le céleri. Rincer, sécher, effeuiller et ciseler grossièrement la coriandre.

✓ Faire dorer à sec les graines de sésame dans une petite poêle à revêtement antiadhésif sur feu moyen, en remuant sans arrêt (30 s). Disposer tous ces ingrédients près de la plaque de cuisson.

POULET

300 g de nouilles
  chinoises
3 cuil. à soupe de sésame
  en grains
4 cuil. à soupe d'huile
  d'arachide
Huile de sésame
Sel, poivre du moulin

✓ Poser le wok sur un grand feu avec 2 cuil. à soupe d'huile d'arachide. Lorsqu'elle est bien chaude, faire revenir les oignons, remuer souvent pour qu'ils rissolent uniformément. Au bout de 2 min, ajouter les lamelles de poulet pour 2 min. Elles sont dorées mais pas trop cuites donc bien moelleuses (au besoin réserver dans une assiette si le reste n'est pas terminé).

✓ Dans un autre wok ou une sauteuse, verser 1 cuil. à soupe d'huile d'arachide puis ajouter les légumes. Les incorporer les uns après les autres en remuant sans arrêt. D'abord les carottes et le céleri, puis les courgettes et enfin les champignons. Quand c'est saisi, saler légèrement. Le tout dure à peine 5 min.

✓ Mélanger les deux préparations dans le wok posé sur feu vif, ajouter les nouilles, poivrer, bien mélanger et éteindre. Arroser d'1 bon trait d'huile de sésame et rectifier l'assaisonnement.

✓ Servir dans un plat creux parsemé de coriandre ciselée et des graines de sésame dorées.

La technique

Pour maîtriser la cuisson au wok. La préparation est un peu longue mais la cuisson rapide comme l'éclair. Elle demandera toute votre attention. Mettre un wok sur la plus forte flamme, verser 1 trait d'huile. Lorsqu'elle est fumante, y faire rapidement revenir les aliments en soulevant le wok pour les faire sauter. Ceux-ci sont émincés, coupés en lamelles ou bâtonnets. Surtout ne pas procéder par trop grandes quantités, si l'on veut les rissoler tout en les gardant croquants. Un conseil, utiliser 2 wok ou 2 sauteuses et cuisiner pour 2 ou 3 personnes dans chaque récipient. Préparer tous les ingrédients avant de les cuire. Commencer toujours par les aliments qui demandent le plus de temps de cuisson ou que vous préférez plus cuits (oignons...). Veiller toujours à ce que le mélange présente au moins un légume lâchant de l'eau (courgettes, champignons...) sinon le tout serait trop sec. À l'inverse, si l'on accumule trop de légumes aqueux, le résultat manquerait de croquant. Si l'on cuisine de plus petites quantités, inutile d'utiliser 2 ustensiles. On incorpore les éléments les uns après les autres pour que la température reste haute et que les aliments soient saisis et non bouillis.

Les ingrédients

Poulet, canard, bœuf, porc, poisson... en très fines lamelles ou en cubes. Légumes. En bâtonnets ou émincés. Il existe sur le marché, germes de soja, carottes et chou tout prêts, émincés en sachet ; champignons émincés et déjà nettoyés en barquettes ; haricots verts éboutés. Pour le

POULET

reste, utiliser des légumes frais. De préférence, ceux qui sont rapides à préparer et qui sont bons presque crus. Choux-fleurs et brocolis : s'ils sont bien frais et serrés, ils n'ont pas besoin d'être nettoyés, juste détachés en petits bouquets et émincés. Carottes épluchées et râpées. Il en faut peu pour faire du volume. Selon les goûts, ajouter poivrons, céleri-branche, fenouil, oignons frais. Ne pas oublier les champignons noirs lyophilisés à laisser gonfler dans de l'eau chaude pendant qu'on cuisine le reste (égoutter, retirer la pointe dure et émincer). Mis à part l'ail coupé, les légumes surgelés sont à déconseiller. Ils vont lâcher trop d'eau et détremper l'ensemble. À moins d'être cuisinés séparément (oignons, petits pois, poivrons...). Herbes. Parfumer et décorer le plat de persil et/ou de ciboulette ou de coriandre, rincés, séchés, effeuillés et ciselés grossièrement. Gingembre. Mieux vaut utiliser du gingembre frais, plus goûteux que l'on épluche et que l'on râpe. Soit finement comme un assaisonnement, soit côté gros trous de la râpe comme un autre légume. Dans ce cas le goût est moins diffus, plus présent quand on croque dedans. S'arrêter de râper quand on atteint le cœur filandreux. Procéder par petites touches et goûter avant d'en ajouter. Son goût est assez fort. La sauce soja. Utilisée comme dans la recette ci-dessus, elle va colorer le poulet, pas le reste. La poser sur la table, chacun pourra se servir. Éviter d'en arroser le plat pendant la cuisson. Tout deviendrait marron et peu appétissant. Accompagnement. Riz blanc ou plus original, vermicelle de riz ou de soja, nouilles chinoises... (voir p. 96). Les proportions par personne : 100 g de viande, 130 g de légumes mélangés, 50 g d'oignons, 1/2 gousse d'ail.

IDÉE MENU

Trucs apéro + Poulet et légumes au sésame de Lino... au wok + Salade d'agrumes
5'   25'   15'

Poulet vietnamien au wok

Avec champignons noirs, germes de soja, pousses de bambou, chou chinois, lamelles de poulet ou de bœuf, vermicelles ou nouilles, sauce soja, nuoc-mâm, gingembre frais...

Poulet marocain au wok ou le tajine au wok

Faire mariner le poulet avec de l'ail, du sel et un jus de citron. Parfumer le contenu du wok des épices de la cuisine marocaine sans en abuser. Gingembre, safran, curcuma, coriandre en poudre et décorer le plat de coriandre fraîche ciselée. Une fois tous les ingrédients revenus, arroser de 10 cl d'eau chaude dans laquelle on a dissout 1/2 cube de bouillon de volaille. Continuer la cuisson 5 min. Servir avec du *Couscous* (voir p. 125) bien beurré.

Poulet indien au wok ou le curry au wok

Marinade avec jus de citron, ail, sel et poudre ou pâte de curry. Une fois les ingrédients revenus (oignons + clous de girofle, cardamome, bâton de cannelle...) verser 10 cl de lait de coco. Servir avec un *Riz indien* (voir p. 117).

Poulet thaï au wok

Marinade avec ail, sauce soja et gingembre frais ou citronnelle. 3 tiges dont on retire les feuilles dures. Couper la partie tendre en rondelles et les faire revenir dans le wok avec les légumes. Parsemer le plat de coriandre fraîche ciselée. Servir avec un *Riz blanc ou pilaf* (voir p. 118).

Poulet provençal au wok

Marinade avec ail, citron, sel et romarin. Utiliser, tomates, poivrons et céleri. Cuisiner à l'huile d'olive, enrichir d'1 poignée d'olives et parfumer de basilic frais ciselé. Servir avec des tagliatelle ou du riz blanc.

Poulet des îles au wok

Avec citron vert, ail, ciboule, cannelle, piment...

POULET

Prépa 2'
Cuisson 30'

Cuisses de poulet à l'ail

Pour 6 personnes

Préparation pendant
la cuisson

Ingrédients
6 à 8 cuisses de poulet
3 têtes d'ail
1 cube de bouillon de
volaille
2 feuilles de laurier
1 filet d'huile d'olive
Sel, poivre du moulin

✓ Demander au boucher de couper les cuisses de poulet à la jointure.

✓ Dans une grande sauteuse ou une cocotte posée sur feu vif, faire revenir les morceaux de poulet dans l'huile d'olive, saler et poivrer.

✓ Pendant ce temps, détacher les gousses d'ail et les rincer sans les éplucher.

✓ Quand les morceaux de poulet commencent à colorer uniformément, baisser légèrement le feu. Ajouter les gousses d'ail et le laurier. Dissoudre le cube de bouillon de volaille dans 1 petit verre d'eau chaude (10 cl) et le verser dans la cocotte. Rectifier l'assaisonnement, couvrir, et laisser mijoter encore 20 min.

✓ En pressant sur la peau de l'ail avec sa fourchette, on laisse échapper une purée d'ail confit. Délicieux pour tartiner ses bouchées de poulet et mélanger aux pâtes.

♦ **Ou alors.** Coquelets à l'ail. Remplacer les cuisses par 3 coquelets que le boucher aura coupés en deux. Ou cuisiner 2 lapereaux.

25'
IDÉE MENU

Velouté de légume +	Cuisses de poulet à l'ail +	Tagliatelle +	Glaces
10'	10'	5'	0'

Variations

Cuisses de poulet au vinaigre
Remplacer le bouillon par la même quantité de vinaigre ou un mélange des deux. Ou préférer le mélange ail, citron, vin blanc.

POULET

Prépa 10'
Cuisson 20'

Les paupiettes
d'Anne-Marie

Anne-Marie, c'est la reine. Elle sait tout faire. Le simple et le compliqué ; l'improvisé et le grand jeu ; la tradition et l'air du temps. Sans aucune note ni manuel, d'instinct, tout simplement. Voir aussi *Flognarde aux poires* et *Cajasse*.

Pour 6 personnes

Ingrédients
12 blancs de poulet
24 tranches de lard fumé
12 lamelles de comté
20 g de beurre (moule)
Sel, poivre du moulin

✓ Préchauffer le four à 240 °C, th. 8.

✓ Couper les blancs de poulet dans l'épaisseur sans aller jusqu'au bout. On obtient de grandes tranches comme des escalopes.

✓ Étaler d'abord 1 tranche de lard fumé. Poser 1 blanc de poulet dessus, saler légèrement et poivrer, puis 1 lamelle de comté. Rouler l'ensemble, puis envelopper ce rouleau dans l'autre sens avec 1 autre tranche de lard, le fixer avec une pique en bois. Renouveler l'opération jusqu'à en obtenir 12.

✓ Beurrer un moule allant au four et y ranger les paupiettes. Enfourner pour 20 min.

♦ **Astuce.** Le lard protège le blanc de poulet, lui transmet son goût et l'empêche de sécher. Les paupiettes doivent être bien dorées, si ce n'est pas le cas, les passer sous le gril. ♦ **Marché.** Acheter le lard sous vide, en tranches extrêmement fines et découennées. ♦ **Ou alors.** Déglacer le plat de cuisson d'un trait de Lillet blanc. ♦ **Idéal avec.** Des tagliatelle au beurre et une salade verte.

30' À 35'
IDÉE MENU

Trucs apéro + Paupiettes + Fondue de poireaux + Crumble aux fruits de saison
| 5' | 10' | 5' | 10 À 15' |

Prépa 1'

Cuisson 16'

Poulet sauce poulette

Une sorte de blanquette revue et corrigée.

Pour 6 personnes

Préparation pendant
la cuisson

Ingrédients

1,2 kg d'aiguillettes
de poulet
2 cubes de bouillon
de volaille
6 cuil. à soupe d'échalotes
émincées surgelées
1/2 botte de ciboulette
50 g de beurre
25 cl de crème liquide
1 cuil. à soupe de Maïzena
ou de farine
20 cl de vin blanc sec
1 pincée de noix muscade
en poudre
Sel, poivre du moulin

✓ Dans une cocotte, chauffer 25 g de beurre et y faire revenir vivement les aiguillettes de poulet pendant 1 à 2 min en remuant.

✓ Émietter les cubes de bouillon dans la cocotte. Ajouter le vin blanc et compléter d'eau pour que le liquide arrive juste au ras des aliments sans les recouvrir. Cuire 5 min après l'ébullition puis éteindre.

✓ Pendant ce temps, rincer, sécher et ciseler la ciboulette.

✓ Dans une petite casserole, faire fondre le reste du beurre à feu moyen et y faire revenir les échalotes encore surgelées. Lorsqu'elles sont transparentes, ajouter la Maïzena et mouiller tout doucement avec un peu de bouillon de cuisson du poulet. Pour éviter la formation de grumeaux, on verse 1 cuil. à soupe de bouillon et on attend que le mélange soit lisse avant d'en incorporer une nouvelle et ce, sans cesser de remuer. Arrêter quand on obtient l'équivalent d'1 bon verre de sauce.

✓ Verser cette sauce dans la cocotte. Remettre 5 min sur feu doux, parfumer d'1 pincée de noix muscade en poudre et rectifier l'assaisonnement. La sauce doit napper le dos d'une cuillère. Ajouter la crème avant de servir.

✓ Décorer le plat de ciboulette grossièrement ciselée. Accompagner de riz blanc.

♦ **Ou alors.** Avec des champignons. Faire revenir vivement dans 1 noix de beurre 500 g de champignons émincés, saler et poivrer. Éteindre quand il n'y a plus de liquide et verser dans la cocotte avec la sauce. Remplacer le vin blanc par du jus de citron ou, très chic, par du vin jaune. À la place des aiguillettes,

POULET

des blancs émincés pas trop finement. Remplacer le poulet par de grosses lamelles ou des morceaux de poisson (sole, lotte, cabillaud...). Veiller à utiliser du fumet de poisson à la place du bouillon de volaille. Remplacer la noix muscade par du safran ou 1 cuil. à soupe de curry. ♦ **Astuce.** Si la sauce est trop liquide, on retire les aiguillettes de poulet à l'aide d'une écumoire et on laisse la sauce réduire à découvert et à tout petit feu (avant d'incorporer la crème). ♦ **Minceur.** Au lieu d'épaissir la sauce avec de la Maïzena ou de la farine comme une béchamel, il suffit de prélever un peu de sauce dans un bol et d'y diluer 2 jaunes d'œufs. C'est plus facile, plus rapide, plus diététique mais moins efficace pour obtenir une sauce relativement épaisse.

38'
IDÉE MENU

Aïgo bouïdo + Poulet sauce poulette + Riz blanc + Compote de fruits de saison
8'　　　　　15'　　　　　5'　　　　　10'

Prépa 2'
Cuisson 10'

Poulet à l'estragon

Pour 6 personnes

Préparation pendant
la cuisson

Ingrédients

1,2 kg d'aiguillettes
de poulet
4 cuil. à soupe d'échalotes
coupées surgelées
1 bouquet d'estragon
1 cube de bouillon
de volaille
20 cl de crème liquide
20 g de beurre
Sel, poivre du moulin

✓ Dans une sauteuse, faire revenir, à feu moyen, les échalotes encore surgelées dans le beurre. Elles doivent à peine blondir.
✓ Pendant ce temps, rincer, sécher et effeuiller l'estragon. Diluer le cube de bouillon de volaille dans 10 cl d'eau chaude.
✓ Ajouter les aiguillettes de poulet dans la sauteuse et les faire revenir vivement. Continuer avec l'estragon, mélanger, verser le bouillon, attendre 2 à 3 min puis arroser de crème. Poivrer, rectifier l'assaisonnement et donner un bouillon.

25'
IDÉE MENU

Tomates farcies au chèvre	+	Poulet à l'estragon	+	Riz pilaf	+	Glaces
10'		10'		5'		0'

Prépa 2'
Cuisson 45'

Poulet au gingembre
de Léa

Léa, c'est mon amie vietnamienne qui organise des virées délirantes de copines au quartier chinois. Elle nous apprend à choisir les bons produits dont on remplit nos caddies à ras bord. Puis, on déguste sur place le meilleur pho (soupe) qui soit. On rentre cuisiner ensemble, nems, canard au poivre, poulet au gingembre, riz cantonnais... pour dîner ensuite avec d'autres copines qui elles, travaillent sérieusement, et les hommes.

Pour 6 personnes

Préparation pendant
la cuisson

Ingrédients
12 pilons de poulet (ou
6 cuisses)
300 g d'oignons émincés
surgelés
1 morceau de gingembre
frais (8 à 10 cm)
10 cuil. à soupe
de nuoc-mâm
4 cuil. à soupe rases
de sucre en poudre
3 cuil. à soupe d'huile
d'arachide

✓ Demander au boucher de couper chaque pilon en trois et de retirer la peau.

✓ Dans une sauteuse ou une petite cocotte, faire revenir les morceaux de poulet avec la moitié de l'huile d'arachide (choisir un ustensile qui permet aux morceaux de se tenir serrés).

✓ Simultanément, dans une poêle faire revenir les oignons encore surgelés avec le reste d'huile.

✓ Pendant ce temps, éplucher le gingembre et le râper côté gros trous de la râpe pour obtenir 4 à 5 cuil. à soupe.

✓ Quand les oignons commencent à dorer, les verser sur le poulet. Ajouter le gingembre râpé et 1 verre d'eau chaude (20 cl), l'eau doit arriver au 2/3 du poulet. Saler au nuoc-mâm. Après ébullition, baisser le feu et laisser mijoter sans couvrir, le temps de préparer le caramel.

✓ Verser le sucre dans une petite poêle sans eau et la poser sur feu vif. Dès que le sucre caramélise sur le pourtour (le caramel est blond, pas brun), l'arroser de quelques cuil. de jus de cuisson du poulet pour bien le diluer. Verser ce sirop sur le poulet et couvrir pour continuer la cuisson environ 30 min. Il reste pas mal de jus mais celui-ci doit être sirupeux, sinon finir la cuisson à découvert.

POULET

♦ **Astuce.** Attention aux projections au moment d'ajouter du jus dans le caramel pour le détendre. ♦ **Ou alors.** Si l'on choisit des aiguillettes de poulet à la place des pilons, la cuisson sera plus courte (15 min). Ce plat peut être préparé avec des lamelles de bœuf, d'agneau, de lapin... ♦ **Idéal avec.** Du riz blanc.

25'
IDÉE MENU

Trucs apéro	+	Poulet au gingembre	+	Riz façon cantonaise	+	Glace coco
5'		15'		5'		0'

Prépa **2'**
Cuisson **45'**

Poulet rôti

Pour 6 personnes

Ingrédients
2 petits poulets
Beurre
Sel, poivre du moulin

✓ Laisser le poulet à température ambiante.

✓ Préchauffer le four à 270 °C, th. 9.

✓ Enduire les poulets de beurre et les saler.

✓ Les poser sur le côté dans un plat allant au four, les enfourner. Au bout de 10 min, baisser la température à 210 °C, th. 7 et verser 1 tout petit verre d'eau chaude.

✓ 8 min après, on les retourne et on les pose sur l'autre côté. 10 min après, on les pose à l'envers, encore 8 min après, on les pose à l'endroit pour 9 min.

✓ À chaque manipulation, en profiter pour arroser les poulets et ajouter un peu d'eau chaude si le plat est sec. On procède ainsi pour ne pas dessécher les blancs qui cuisent plus vite que le reste du poulet.

♦ **Ou alors.** Remplacer les 2 petits poulets par 3 coquelets, la cuisson sera légèrement plus rapide. Renoncer à 1 beau poulet qui aura besoin de plus d'1 heure de cuisson. À l'ail. Comme le gigot, on peut entourer les poulets de plusieurs gousses d'ail en chemise (sans les éplucher). C'est rapide, le goût d'ail est très léger. Les amateurs presseront les gousses confites et parfumeront le poulet de cette crème très digeste. À la cocotte : coquelets, petits poulets, pintades rôtissent très savoureusement dans une cocotte. Compter entre 20 et 35 min de cuisson (selon la grosseur) après avoir été revenus. ♦ **Astuce.** Coquelets ou poulets, demander au boucher de les ficeler très serrés. Ils dessécheront moins et seront plus moelleux.

40'
IDÉE MENU

Asperges vertes	+	Poulet rôti	+	Grenailles à l'ail	+	Salade de fraises
10'		5'		15'		10'

Canetons rôtis

Cette cuisson ne demande pratiquement aucune attention. Pendant que le canard cuit, on a tout le temps de préparer le reste du repas ou de mettre la table.

Préparation : 5 min.

Cuisson : 40 min.

Ingrédients : 2 canetons de 1 kg, beurre, sel, poivre du moulin.

Préchauffer le four à 210 °C, th. 7, pendant 15 min.

Enduire les canetons de beurre ramolli, saler, poivrer. Poser dans un grand plat allant au four et pouvant passer à table. Enfourner pour 40 min. De temps en temps, retourner les canetons et les arroser. Ne pas attendre que cela sèche, verser un peu d'eau chaude dans le plat de cuisson.

Découper les canetons et déglacer le jus.

♦ **Ou alors.** 2 canettes à la cocotte. Bien les dorer avec un peu de beurre (ou un mélange beurre/huile) puis cuire 20 min en les retournant à mi-cuisson.

Canetons aux pêches, aux poires

Au bout de 10 min de cuisson, entourer les canetons de 12 demi-poires ou pêches. Utiliser des fruits frais épluchés et dénoyautés pendant le début de la cuisson ou des fruits au sirop bien égouttés. Garder un peu de ce jus qui remplacera avantageusement le petit verre d'eau pour arroser les canetons et déglacer la sauce.

33'
IDÉE MENU

Trucs apéro	+ Canetons aux pêches	+ 3 riz	+ Salade	+ Chèvres	+ Glaces
5'	15'	5'	8'	0'	0'

Saltimbocca
alla romana
piccata de veau

Pour 6 personnes

Ingrédients

6 escalopes de veau
   (1,2 kg)
6 tranches fines de jambon
   cru (San Daniele, Parme
   ou Bayonne)
12 feuilles de sauge fraîche
Farine
25 cl de vin blanc sec
6 cuil. à soupe d'huile
   d'olive
60 g de beurre
Sel, poivre du moulin

✓ Demander au boucher de couper des escalopes extrêmement fines.

✓ Rincer les feuilles de sauge et les sécher. Couper le jambon et les escalopes en deux dans la largeur. On doit obtenir des morceaux de taille à peu près égale.

✓ Poser un morceau de jambon, puis 1 feuille de sauge sur chaque demi-escalope. À une extrémité de la feuille, piquer avec un cure-dents en bois (ou une pique) les trois épaisseurs et ressortir le cure-dents à l'autre extrémité comme on le ferait avec une aiguille à coudre.

✓ Passer rapidement ces piccata dans la farine et les secouer pour en retirer le maximum.

✓ Faire chauffer l'huile d'olive dans 2 grandes poêles, et y faire revenir les saltimbocca, 2 min sur chaque face. Les réserver dans un plat de service recouvert d'un autre plat pour les tenir au chaud.

✓ Jeter l'huile de cuisson, puis déglacer les poêles avec le vin blanc, sur feu moyen, en grattant avec le dos d'une fourchette. Le vin doit réduire de moitié.

✓ Baisser le feu. Ajouter le beurre petit à petit sans cesser de remuer à l'aide d'un petit fouet. Saler et poivrer.

✓ Verser la sauce sur les saltimbocca et servir.

◆ **Déco.** Autre présentation. Chaque escalope et chaque tranche de jambon est coupée en trois, quatre ou cinq pour réaliser de toutes petites piccata. ◆ **Ou alors.** Plus simple, on saute l'étape farine et on ne déglace pas au vin. Au fromage : pré-

VEAU

chauffer le four à 210 °C, th. 7. Au fur et à mesure qu'on les poêle, poser les piccata dans un grand plat allant au four. Arroser du jus (vin + beurre). Couvrir de lamelles d'emmenthal, de fontine ou de fromage à raclette. Gratiner rapidement au four le temps que le fromage dore. Dans ce cas, la viande doit être un peu plus épaisse pour rester moelleuse. ♦ **Idéal avec.** Des tagliarini (petites tagliatelle), de la polenta ou plus léger, des haricots verts ou des épinards.

IDÉE MENU

Melon	+ Saltimbocca alla romana piccata de veau	+ Polenta ou Épinards	+ Glaces
5'	20'	5'	0'

Prépa 16'
Cuisson 15'

Scalopine au citron

Pour 6 personnes

Ingrédients
6 escalopes très fines
2 citrons
1 cuil. à soupe de romarin
100 g de beurre
Sel, poivre du moulin

✓ Couper chaque escalope en trois.

✓ Dans un plat creux, râper les zestes des 2 citrons (côté petits trous de la râpe). Presser les jus des citrons sur les zestes, saler, poivrer et émietter le romarin. Laisser les morceaux d'escalopes mariner dans ce jus 15 min en les retournant de temps en temps.

✓ Égoutter rapidement les escalopes.

✓ Dans 2 grandes poêles à revêtement antiadhésif, saisir les escalopes dans le beurre bien chaud. Au fur et à mesure que les morceaux sont cuits, les poser dans le plat de service recouvert d'un autre plat pour les garder au chaud.

✓ Rectifier l'assaisonnement et servir.

♦ **Idéal avec.** Des épinards ou des tagliatelle (les petites aux œufs cuisent en 5 min).

35'

IDÉE MENU

Charcuteries italiennes	+	Scalopine au citron	+	Épinards	+	Panacotta
0'		20'		5'		10'

Prépa 00'
Cuisson 60'

Veau à la guardiane

Pour 6 personnes

Cuisson à surveiller
(15 min)

Ingrédients

1,2 kg d'épaule de veau
600 g d'oignons émincés
   surgelés
4 cuil. à café d'ail coupé
   surgelé
1 petite boîte de tomates
   pelées ou de pulpe
1 bocal d'olives vertes
   dénoyautées
20 cl de vin blanc sec
6 cuil. à soupe d'huile
   d'olive
1 bonne pincée de thym
2 feuilles de laurier
Sel, poivre du moulin

✓ Demander au boucher de couper la viande en lamelles ou en petits cubes.

✓ Dans une grande poêle posée sur feu vif, chauffer 2 cuil. à soupe d'huile d'olive et y jeter les oignons encore surgelés. Les faire revenir jusqu'à ce qu'ils aient perdu leur eau.

✓ Pendant ce temps, faire revenir la viande dans une cocotte avec l'huile restante.

✓ Égoutter les tomates (sauf s'il s'agit de pulpe) et les olives.

✓ Quand la viande commence à dorer, ajouter l'ail, les oignons puis les tomates, le vin blanc, le thym, le laurier. Rectifier l'assaisonnement, bien mélanger, couvrir et baisser le feu. Cuire au moins 45 min. Plus c'est cuit, meilleur c'est. À laisser sur le feu jusqu'au moment de servir.

✓ Ajouter les olives 15 min avant de servir.

♦ **Ou alors.** Aux oignons seuls. Supprimer l'ail et augmenter la quantité d'oignons (1 kg). ♦ **Astuce.** Surveiller de temps en temps. Quand la viande est cuite, si la sauce est trop liquide, continuer la cuisson à découvert. ♦ **Idéal avec.** Pommes vapeur, riz blanc, tagliatelle nature, ou polenta.

33'
IDÉE MENU

Trucs apéro	+ Veau à la guardiane	+ Polenta	+ Fruits de saison rôtis
5'	15'	5'	8'

Prépa 00'
Cuisson 30'

Côte de veau poêlée

Revenu à la cocotte, dans une sauteuse ou une simple poêle,
voilà la façon la plus rapide et la plus saine de cuisiner une pièce de viande.
Il en va de la côte de veau comme de l'entrecôte de bœuf ou du gigot d'agneau.
Rien n'empêche d'élaborer un peu. Selon les cas, une sauce au vinaigre,
à la moutarde... Cette simplicité autorise tous les accompagnements,
purées de légumes, légumes sautés, en gratin, pâtes, riz...

Pour 6 personnes

Ingrédients
2 côtes de veau de 1 kg
   chacune
Beurre
Huile d'arachide
Sel, poivre du moulin

✓ Laisser les côtes de veau à chaleur ambiante, ou les sortir du frigo dès que l'on rentre chez soi.
✓ Dans une cocotte en fonte ou une sauteuse à fond épais, faire fondre le beurre et l'huile sur feu moyen. Poser les côtes et les poêler, à feu doux, 15 min de chaque côté. Saler et poivrer.

♦ **Ou alors.** Grenadins de veau. Remplacer la côte de veau par des grenadins (tournedos), à cuire comme des steaks. Compter 2 grenadins par personne.

40'
IDÉE MENU

Trucs apéro	+ Veau poêlé	+ Poêlée de champignons	+ Miroir à l'orange
5'	15'	10'	10'

VEAU
Variations

Côte de veau à la crème

En fin de cuisson, retirer les côtes et les réserver au chaud. Jeter la graisse de cuisson. Déglacer les sucs qui sont au fond de la cocotte en versant 20 cl de crème fraîche et en frottant avec le dos d'une fourchette. Assaisonner de sel, de quelques tours de moulin à poivre et d'1 pincée de noix muscade en poudre.

Cette sauce s'accommodera très bien d'une poêlée de champignons soit servie à part soit versée dans la sauce.

Entrecôtes poêlées

L'entrecôte est la côte de bœuf désossée.

Ingrédients : 2 belles entrecôtes de 700 à 800 g chacune, beurre, huile d'arachide, sel, poivre du moulin.

Laisser la viande à température ambiante ou la sortir du frigo dès que l'on rentre chez soi. La poêler dans un mélange beurre/huile comme un steak. On la fait d'abord dorer à feu vif des 2 côtés. Puis, on continue la cuisson sur feu moyen, 2 à 3 min sur chaque face, ou plus si on l'apprécie plus cuite.

Poser la viande poêlée sur une planche et la couper en biais en tranches dans la largeur.

♦ **Ou alors.** Plutôt qu'une pièce de viande entière, on peut poêler du filet coupé en grosses tranches ou tournedos. La cuisson sera aussi rapide que celle d'un steak. En prévoir 2 par personne.

Entrecôte à la moutarde

Déglacer la poêle avec 3 cuil. à soupe de moutarde de Dijon allongée de crème fraîche liquide pour dissoudre les sucs de cuisson. Gratter le fond de la poêle avec le dos d'une fourchette en bois, laisser réduire un peu et servir à part ou napper l'entrecôte de cette sauce.

Agneau poêlé

Ingrédients : 6 tranches épaisses de gigot d'agneau, sel, poivre du moulin.

Laisser les viandes à température ambiante ou les sortir du frigo dès que l'on rentre chez soi. Cuire à la poêle comme des steaks.

LES DESSERTS

Glaces ou sorbets, c'est l'idée la plus simple.
On vous sera toujours reconnaissant d'en présenter de la meilleure qualité.
À propos, ayez-en toujours un petit stock au congélateur à tout hasard.
Un parfum classique avec un autre plus inhabituel, à la verveine ou au
gingembre. À moins d'apporter sa touche personnelle. Ton sur ton, un sorbet au
citron coiffé de zestes de citron vert ou de citron confit. Ou jouer les oppositions,
goûts, couleurs : un sorbet abricot couronné d'un coulis de framboise...
Sans oublier, bien sûr, d'irrésistibles macarons, arlettes ou mini babas au rhum.
Mais poussez un peu plus loin, et découvrez quelques desserts maison dont la
plupart se préparent en 3 à 10 minutes, pas plus.

Prépa 10'
Cuisson 40'

Amandine aux abricots

Pour 6 à 8 personnes

Ingrédients

10 à 12 gros abricots (ou l'équivalent de petits)
4 œufs
200 g de beurre
200 g de sucre glace
200 g de poudre d'amande
1 pincée de sel

✓ Préchauffer le four à 180 °C, th. 6.

✓ Sortir immédiatement le beurre, le couper en lamelles dans un saladier. En été, il ramollira très vite. Sinon le passer 30 s au micro-ondes sur position décongélation.

✓ Rincer les abricots, les essuyer au torchon, les couper en deux et retirer les noyaux.

✓ Les poser côté bombé vers le haut dans un assez grand moule à gratin pouvant passer à table. Ceux-ci doivent tenir sur une couche, bien serrés, et couvrir toute la surface du moule.

✓ Travailler le beurre avec la poudre d'amande en l'écrasant à la fourchette. Ajouter le sucre, le sel puis les œufs un à un. On peut également mélanger tous ces ingrédients dans un mixeur.

✓ Verser la préparation sur les abricots et enfourner pour 40 min.

✓ Certains l'aiment tiède, je la préfère froide.

♦ **Info.** Les abricots doivent impérativement être très sucrés sinon l'amandine sera trop acide. ♦ **Ou alors.** Comme pour un clafoutis, l'amandine peut être à l'abricot mais aussi à la pêche, à la pomme, à la poire... Éviter les fruits qui « lâchent » trop de jus en cuisant. On peut tenter les framboises en les enrobant de sucre. Hors saison, utiliser des fruits au sirop bien égouttés. S'amuser à mélanger pêches, abricots...

Prépa 10'
Cuisson 30'

Belphégor

Tu nous fais un gâteau pour le feuilleton ! C'est vendredi soir, il y a quelques années. Pour rien au monde on aurait raté « Belphégor », le feuilleton hebdomadaire des fins de semaines d'hiver. Alors pour ajouter au plaisir de ce rendez-vous, ma mère nous concoctait une gâterie avec ce qu'elle trouvait. Quelques fruits, pommes, poires, selon, et de quoi les amalgamer, un peu de farine, des œufs, un parfum de citron ou d'orange... Ainsi est né le Belphégor. Un nom qui revient aujourd'hui à nos oreilles.

Pour 6 personnes

Ingrédients

5 pommes moyennes
1 zeste de citron ou
    d'orange
3 œufs
5 cuil. à soupe de sucre
    en poudre
5 cuil. à soupe de farine
1/2 sachet de levure
    chimique
1 ou 2 cuil. à soupe de
    rhum (facultatif)
4 cuil. à soupe d'huile
    d'arachide + 1 trait
    (moule)
1 pincée de sel
Sucre glace (décoration)

✓ Préchauffer le four à 210 °C, th. 7.

✓ Mélanger tous les ingrédients dans l'ordre où ils sont énumérés. Les pommes ajoutées à la fin auront été épluchées et coupées en fines lamelles.

✓ Huiler un moule à tarte pouvant passer à table, y verser la préparation, et enfourner pour 25 à 30 min.

✓ Une fois refroidi, poudrer irrégulièrement le gâteau de sucre glace.

◆ **Ou alors.** En fait, on compte 5 fruits. Mélanger au choix pommes et poires, ou l'été abricots et pêches... Et varier les plaisirs au gré des saisons, des goûts ou de ce qu'il vous reste. Quand le fruit de base est un peu fade, penser à le réveiller d'un fruit plus acide ou goûteux. Pruneaux, figues ou raisins secs se marient très bien aux fruits frais. Ils seront préalablement trempés pour les faire gonfler. Dans du rhum : les égoutter et utiliser le rhum pour parfumer le gâteau. Si l'on veut éviter l'alcool par goût ou pour ne pas contrarier les enfants qui, petits, n'apprécient pas toujours, on les trempera dans un jus d'orange. Remplacer l'huile par l'équivalent de beurre.

Prépa 10'
Cuisson 30'

Brownies de Véro

Véronique dite toutouyoutou ou Poupette est prof de gym comme chacun sait. Pascale, une de ses élèves peut-être pour la remercier de la faire si bien souffrir, lui apporte régulièrement une boîte bourrée de brownies de sa confection. C'est ainsi que parfois, après le cours de gym, elle nous invite à partager ses brownies en buvant un café brûlant. Un supplice auquel il est impossible de résister.

Pour 6 personnes

Ingrédients

200 g de beurre + 20 g
  (moule)
4 œufs
170 g de farine
340 g de sucre roux en
  poudre
1 sachet de sucre vanillé
8 cuil. à soupe rases de
  cacao en poudre sans
  sucre (Van Houten)
100 g de noix concassées
1 pincée de sel

✓ Préchauffer le four à 170 °C, th. 5/6.

✓ Beurrer un moule carré ou rectangulaire à hauts bords.

✓ Faire fondre le beurre au micro-ondes (30 s sur position décongélation).

✓ Dans un saladier, mélanger dans l'ordre, le beurre fondu refroidi avec les sucres, puis les œufs, la farine, le chocolat en poudre, la pincée de sel et enfin les noix.

✓ Verser dans le moule et enfourner pour 30 min. Si l'on glisse la lame d'un couteau, elle doit ressortir légèrement « sale ».

✓ Une fois le gâteau refroidi, le couper (dans le moule) en carrés même tout petits. Disposer ces bouchées dans un joli plat et servir avec un café et/ou une boule de glace vanille, un bol de crème fraîche ou de crème anglaise.

♦ **Ou alors.** Pour obtenir un mélange plus corsé et plus foncé, ajouter 1, 2, voire 3 cuil. de chocolat en poudre. Mais attention, ce chocolat est très fort en goût. Remplacer les noix par des noix de pécan ou des noisettes. Et dans l'un ou l'autre des cas, décorer la surface du gâteau de cerneaux de noix ou de noisettes entières en veillant qu'il y en ait une au centre de chaque carré découpé. Autre garniture. Un même poids d'amandes, pistaches et pignons grossièrement concassés au mortier et rien à la surface pour ménager la surprise.

Cheesecake

Pour 6 personnes

Ingrédients
500 g de fromage blanc épais
4 œufs
20 g de beurre (moule)
120 g de sucre en poudre
1 sachet de sucre vanillé
2 cuil. à soupe rases de Maïzena
100 g de Thé Brun ou Lu
1 citron (zeste)
1 pincée de sel

✓ Préchauffer le four à 200 °C, th. 6/7. Beurrer un moule à manqué de taille moyenne pouvant passer à table.

✓ Passer les biscuits au mixeur pour les réduire en poudre. Verser dans le moule et bien tasser.

✓ Rincer le citron à l'eau chaude et le sécher.

✓ Dans un grand saladier, verser le fromage blanc, les sucres, le sel, la Maïzena tamisée à travers une passoire puis les œufs un à un. Bien mélanger entre chaque incorporation. Râper le zeste de citron (côté petits trous de la râpe) au-dessus du mélange.

✓ Verser la préparation dans le moule sur la couche de biscuits et enfourner pour 30 min.

✓ Déguster froid accompagné de fruits rouges ou d'un coulis de fruit rouge.

♦ **Ou alors.** Si l'on aime le goût de la cannelle qui va bien avec ce gâteau, utiliser des spéculos. Autre manière : choisir des biscuits ni trop sucrés ni trop beurrés, ajouter 3 cuil. à soupe de cassonade et 100 g de beurre fondu et passer 4 min au four avant de verser la préparation au fromage. Façon tarte : tapisser le moule d'une pâte sablée ou brisée et cuire 10 min à blanc avant de verser la préparation au fromage. Plus aérien : avec des blancs d'œufs en neige. Si l'on n'apprécie pas le goût du citron, le remplacer par le zeste d'1 orange mais il sera moins conforme. Enrichir le cheesecake d'1 bonne poignée de raisins secs. ♦ **Marché.** Choisir un fromage à 40 % de matières grasses ou le remplacer par des petits-suisses. ♦ **Minceur.** Préférer un fromage à 20 % ou à 0 %. ♦ **Info.** Importé par les juifs d'Europe de l'Est, ce gâteau est roi dans les délicatessen (déli) américains. Mais on le cuisine là-bas avec du cream cheese, fromage beaucoup plus riche type Saint-Moret, Kiri ou Samos. À vous de voir. Dans ce cas, supprimer la pincée de sel.

Les clafoutis

Un bon compromis entre un gâteau assez riche, plein de pâte qui donne vite mauvaise conscience et quelques fruits apprêtés simplement. Un vrai dessert mais frais et léger. Presque tous les fruits se prêtent à la cuisson en clafoutis. Mille solutions pour une même préparation, en jouant sur les fruits de saison. Dans la tradition auvergnate, selon la cueillette, il pouvait arriver qu'on en prépare tous les jours pour ne pas perdre les fruits.

Prépa 10'
Cuisson 30'

Clafoutis de printemps —
Le clafoutis aux cerises de Colette

Pour 6 personnes

Ingrédients

500 g de cerises noires
125 g de sucre en poudre
80 g de farine
4 œufs
60 g de beurre + 30 g
   (moule + noisettes)
25 cl de lait
1 sachet de sucre vanillé
1 pincée de sel

✓ Préchauffer le four à 210 °C, th. 7.
✓ Rincer les cerises, les équeuter et les essuyer sans les dénoyauter.
✓ Faire fondre 60 g de beurre au micro-ondes sur position décongélation. Beurrer le moule en réservant quelques noisettes.
✓ Les ingrédients seront ajoutés dans l'ordre indiqué, sans cesser de bien mélanger à chaque nouvelle incorporation. Dans un saladier, battre les œufs en omelette, ajouter la pincée de sel et le sucre. Verser la farine dans une passoire et la tamiser sur le mélange précédent en continuant de bien mélanger pour dissoudre les éventuels grumeaux. Verser le beurre fondu refroidi, puis le lait en délayant bien.
✓ Poser les cerises dans le moule beurré, verser la pâte. Garnir la surface des noisettes de beurre.
✓ Enfourner pour 30 min, la surface du clafoutis doit être dorée.
✓ Poudrer de sucre vanillé avant de servir.

♦ **Ou alors.** Remplacer les cerises par d'autres fruits, soit entiers s'ils sont petits (mirabelles, reines-claudes, grains de raisin...), soit en morceaux (moitié d'abricots, tranches de pêches...). Pour ces derniers, veiller à ce que leur chair soit serrée afin qu'ils ne lâchent pas trop de jus en cuisant. Aux fruits secs, seulement : abricots, pruneaux. On les aura préalablement laissés gonfler (pour les réhydrater) dans de l'eau ou mieux du thé chaud. Puis, les égoutter et les sécher sur du papier absorbant. Essayer aussi les mélanges : pommes ou poires + raisins et/ou cerneaux de noix.

Prépa 15'
Cuisson 45'

Clafoutis d'automne — Clafoutis aux pommes

Pour 6 personnes

Ingrédients
6 pommes à cuire
   (reinettes, boskoop...)
100 g de farine
100 g de sucre en poudre
1 sachet de sucre vanillé
1 sachet de levure
   chimique
4 œufs
25 cl de lait
60 g de beurre + 30 g
   (moule + noisettes)
12 cerneaux de noix
1 cuil. à soupe de rhum

✓ Préchauffer le four à 210 °C, th. 7. Beurrer un moule à hauts bords pouvant passer à table.
✓ Faire fondre 60 g de beurre au micro-ondes sur position décongélation.
✓ Dans un saladier, mélanger d'abord les ingrédients secs : farine, sucre, levure, sucre vanillé. Ajouter les œufs, le lait (tout doucement), le beurre fondu refroidi et le rhum. Bien mélanger.
✓ Éplucher les pommes, les couper en gros morceaux et les poser au fur et à mesure dans le moule avec les cerneaux de noix.
✓ Verser la pâte sur les pommes, poser quelques noisettes de beurre et enfourner pour 45 min.
✓ Servir tiède.

♦ **Ou alors.** Remplacer les noix par des raisins secs ou un mélange des deux. Parfumer le clafoutis de zeste d'orange râpé à la place du rhum. ♦ **Organisation.** Ce dessert peut cuire pendant que l'on cuisine autre chose ou être enfourné une fois toutes les préparations du repas terminées. Tiède, il est encore plus savoureux.

Prépa 10'
Cuisson 30'

Clafoutis « rien à peser »

Recette de base pour toutes sortes de fruits. Pratique, rapide.

Pour 6 personnes

Ingrédients
Fruits : de quoi tapisser un
    moule
3 œufs
3 cuil. à soupe de sucre en
    poudre (selon les fruits)
3 cuil. à soupe de farine +
    1 cuil. à soupe (moule)
2 petits verres de lait entier
3 cuil. à soupe de beurre
1 pincée de sel

✓ Préchauffer le four à 210 °C, th. 7.
✓ Beurrer et fariner un moule pouvant passer à table. Le tapisser des fruits en les serrant bien. Les petits fruits sont laissés entiers, les gros coupés en morceaux moyens.
✓ Mélanger œufs, sucre, farine, lait, beurre et sel puis verser sur les fruits. Enfourner 30 min.

Compotes
et fruits pochés

**Idéal après un repas copieux et bien arrosé,
les compotes sont toujours appréciées pour leur fraîcheur.
Selon leur composition, elles constituent un dessert assez complet.
Avec un peu d'imagination, selon les goûts et la saison, on pourra varier
les mariages de fruits. Fruits d'hiver, d'été, frais, secs, cuisinés entiers,
en morceaux ou réduits en purée, parfumés d'orange, de citron et d'épices,
décorés d'amandes effilées légèrement grillées ou de pignons...**

Prépa 5'
Cuisson 20'

Pour 6 personnes

Ingrédients
1 kg de fruits
250 g de sucre

Compote de fruits nature

✓ Les gros fruits : pêches, poires, abricots sont rincés et dénoyautés, les poires sont pelées. Les petits fruits, fraises, framboises mais aussi prunes, mirabelles, cerises..., sont juste rincés, pas dénoyautés. Verser les fruits dans une casserole avec le sucre.

✓ Selon les fruits, cuire environ 20 min sur feu doux sans ajouter d'eau ou 10 à 15 min au micro-ondes.

✓ Servir tel quel avec des biscuits, une glace, du fromage blanc ou en accompagnement d'une viande rôtie ou poêlée comme le magret de canard, par exemple, compléter alors avec une purée de légumes.

♦ **Astuce.** Pour les fruits acides, forcer sur le sucre (500 g).
♦ **Ou alors.** Dans l'air du temps. Parfumer ces compotes nature d'herbes aromatiques : romarin, thym, sarriette...

DESSERTS

Prépa 10'
Cuisson 25'

Poires pochées avec épices

Pour 6 personnes

Ingrédients
6 poires
1 citron (jus + écorce)
100 g de sucre en poudre
1 gousse de vanille
1 cuil. à café rase de
   4-épices ou 3 ou 4 clous
   de girofle
50 cl d'eau

✓ Dans une grande casserole pouvant accueillir tous les fruits sans qu'ils se chevauchent mais sans qu'ils soient au large, verser l'eau, le sucre, la gousse de vanille fendue dans la longueur, le 4-épices ou les clous de girofle, le jus et l'écorce de citron. Poser sur feu moyen.

✓ Pendant ce temps, peler les poires en essayant de ne pas couper la queue, c'est plus joli. Les poser dans la casserole pour 15 min (adapter le temps selon la qualité des poires). Elles doivent être cuites mais rester entières sans s'écrouler.

✓ Retirer les poires délicatement à l'aide d'une écumoire et les poser dans un plat creux de service. Laisser le jus réduire sur le feu. Lorsque sa consistance devient sirupeuse, en arroser les poires.

✓ Une fois refroidies, on les glisse au frigo.

✓ Servir avec de la glace, un bon fromage blanc ou un biscuit maison.

♦ **Ou alors.** Remplacer les 4-épices par un bâton de cannelle et quelques clous de girofle. Fruits au vin : remplacer le verre d'eau par un verre de vin rouge, Lillet rouge, muscat, porto ou beaumes-de-venise.

Variations

Compote mixte
Compote de fruits frais, de fruits secs ou mixte. Rien n'empêche de mélanger certains fruits et/ou de les enrichir d'1 poignée de raisins secs ou de pruneaux ou encore de ne cuisiner que des fruits secs (abricots, pruneaux, raisins...). Dans ce cas, 50 g de sucre en poudre suffisent. Si l'on a le temps, avant de les cuire, (au moins pendant la préparation du jus de cuisson), tremper les fruits secs dans de l'eau bouillante ou mieux dans du thé très chaud. Choisir un thé parfumé (fumé, earl grey, vanille...). Ainsi, les fruits seront réhydratés, bien gonflés,

plus moelleux et parfumés. Prévoir des temps de préparation et de cuisson un peu plus longs.

Ingrédients : 1 litre de thé, 150 g de pruneaux dénoyautés, 150 g d'abricots secs, 100 g de raisins de Corinthe, 50 g de sucre en poudre, 1 gousse de vanille, 1/2 cuil. à café de 4-épices, 1 orange (écorce), 6 fruits (poires, pommes ou pêches…), 1 citron (jus).

Préparer un thé earl grey. Faire gonfler les fruits secs, dans le thé chaud.

Dans une grande casserole, verser 1 verre d'eau, le sucre, la gousse de vanille fendue dans la longueur, le 4-épices, la moitié d'1 écorce d'orange et le jus de citron. Porter à ébullition, verser les fruits secs égouttés et cuire à feu doux 20 min.

Pendant ce temps, éplucher les fruits frais et les couper en quartiers épais. Les ajouter dans la casserole et poursuivre la cuisson. Les fruits doivent être cuits sans faire marmelade. Si le jus est trop liquide, retirer tous les fruits à l'écumoire (les poser dans le plat de service) et le faire réduire sur feu vif jusqu'à la consistance d'un sirop. Éteindre, verser sur les fruits.

Laisser refroidir, couvrir et réserver au frais.

Servir avec glace vanille ou caramel, biscuits, fromage blanc…

♦ **Ou alors.** L'été, on choisira pêches (coupées en quatre), abricots (coupés en deux), reines-claudes, mirabelles (entières)… Veiller à dénoyauter les plus gros fruits et à adapter les temps de cuisson. On peut ajouter des figues au mélange de fruits secs. Ou des pignons de pin et 1 pincée de cannelle. Ou encore sucrer la compote au miel.

Prépa 15'
Cuisson 45'

Crumble aux pommes

Plutôt britannique, plutôt dessert d'hiver, le plus souvent aux pommes, le crumble est devenu un classique. Il s'accommode de tous les fruits en suivant les saisons. Poires, pommes, fruits secs l'hiver, fruits rouges, abricots l'été. Le principe est simple : fruits en dessous et pâte au-dessus.

Pour 6 personnes

Ingrédients
1,5 kg de pommes
180 g de beurre + 40 g
   (moule + noisettes)
250 g de farine
120 g de cassonade (sucre
   brun en poudre)
1 pincée de sel

✓ Sortir le beurre du frigo et le couper en petits morceaux pour qu'il ramollisse plus vite.
✓ Préchauffer le four à 200 °C, th. 6/7. Beurrer un plat à gratin.
✓ Éplucher les pommes, les couper en huit, puis en lamelles. Les poser au fur et à mesure dans un saladier. Recouvrir de film alimentaire et cuire 10 min au micro-ondes.
✓ Pendant ce temps, préparer la pâte. Dans un petit saladier, mélanger les éléments secs : farine, sucre et sel. Puis, amalgamer le beurre du bout des doigts sans chercher à tasser la pâte. On va obtenir une sorte de sable.
✓ Verser les pommes dans le fond du moule beurré en tassant bien. Recouvrir avec la pâte sans tasser. Parsemer des noisettes de beurre réservées. Enfourner pour 45 min.
✓ Servir tiède avec un bol de crème fraîche présenté à part, de la glace vanille ou de la crème anglaise.

♦ **Ou alors.** Tenter le mélange pommes/poires, pommes/ zestes d'orange, pommes/raisins secs (150 g) et cerneaux de noix. Parfumer les pommes d'1 sachet de sucre vanillé, de cannelle, de poudre d'amande… ♦ **Marché.** Choisir des pommes acidulées, ni fades, ni trop sucrées : reinettes, boskoop, granny smith, clochard… On trouve de la crème anglaise toute prête et acceptable, chez les bons pâtissiers traiteurs, dans les épiceries fines et les grandes surfaces.

Prépa 10'
Cuisson 30'

Diplomate

**Un nom très chic pour un dessert qui donne dans la récup.
Ou comment sublimer un reste de brioche rassise.**

Pour 6 personnes

Ingrédients
150 g de brioche rassise
40 cl de lait
2 petits œufs
60 g de beurre + 15 g
 (moule)
1 citron (zeste)
75 g de raisins secs
20 g d'amandes effilées
2 cuil. à soupe de rhum
70 g de sucre en poudre
1 sachet de sucre vanillé
1 pincée de sel

✓ Préchauffer le four à 210 °C, th. 7.
✓ Beurrer un moule à cake de taille moyenne.
✓ Dans un bol, verser le rhum et y faire gonfler les raisins secs. Émietter la brioche dans un petit saladier.
✓ Faire fondre le beurre 30 s au micro-ondes sur position maximum et le laisser refroidir.
✓ Chauffer le lait 40 s au micro-ondes sur position maximum et le verser sur la brioche.
✓ Dans un plus grand saladier, battre les œufs avec les sucres et le sel. Râper le zeste du citron au-dessus du mélange. Ajouter le beurre fondu, la brioche avec le lait, les raisins avec leur rhum. Bien mélanger et verser dans le moule. Garnir la surface des amandes effilées.
✓ Enfourner pour 30 min.
✓ Démouler. Couper en tranches et servir tiède avec une crème anglaise.

♦ **Ou alors.** Remplacer les raisins par des abricots secs ou par un mélange des deux. Relever d'1/2 cuil. à café de cannelle en poudre. Utiliser un moule à charlotte. ♦ **Marché.** On trouve de la crème anglaise toute prête et acceptable, chez les bons pâtissiers traiteurs, dans les épiceries fines et les grandes surfaces.

Prépa 5'
Cuisson 35'

Fiadone

Frais, délicieux, facile et rapide, il a toutes les qualités. Le fiadone est le « cheesecake » corse. « Cheese » comme brocciu, LE fromage national corse. Le vrai de vrai est un fromage frais à base de lait de chèvre et de brebis vendu de novembre à juin. On ne le trouve pas partout, puisqu'il doit être consommé dans les 5 jours qui suivent sa fabrication. C'est dire qu'on ne déguste le vrai brocciu qu'en Corse. À défaut, utiliser de la brousse, de la ricotta ou du chèvre très frais.

Pour 6 personnes

Ingrédients
500 g de brocciu
6 œufs
20 g de beurre (moule)
200 g de sucre en poudre
1 sachet de sucre vanillé
1 citron (zeste)

✓ Préchauffer le four à 210 °C, th. 7.
✓ Beurrer un moule à manqué.
✓ Dans un grand saladier casser les œufs, les battre à l'aide d'un petit fouet ou d'une fourchette, verser les sucres, râper le zeste du citron (côté petits trous de la râpe) au-dessus du mélange et ajouter le brocciu. L'ensemble doit être bien homogène.
✓ Verser la préparation dans le moule et enfourner pour 35 min.
✓ Servir tel quel ou comme le cheesecake avec un coulis de fruit rouge.

♦ **Ou alors.** Remplacer le zeste de citron par du zeste d'orange ou un mélange des deux. Ajouter 1 cuil. à soupe d'eau-de-vie ou de rhum. Façon tarte. Présenter le fiadone sur une pâte brisée préalablement cuite à blanc pendant 10 min. ♦ **Astuce.** Plus rapide, sur un lit de petits-beurre ou de spéculos passés au mixeur et bien tassés au fond du moule. Plus aérien. Monter les blancs en neige.

Prépa 7'
Cuisson 35'

Flognarde aux poires

Entre crêpe et clafoutis, ce dessert peut s'improviser à la dernière minute. Encore une trouvaille d'Anne-Marie.

Pour 6 personnes

Préparation avant et pendant la cuisson

Ingrédients
4 poires
125 g de beurre
3 œufs
4 cuil. à soupe bombées de farine
5 cuil. à soupe bombées de sucre en poudre
2 sachets de sucre vanillé
1 pincée de sel

✓ Préchauffer le four à 210 °C, th. 7.

✓ Poser le beurre dans un moule à tarte pouvant passer à table. Le faire fondre sur feu doux.

✓ Éplucher les poires, retirer le cœur et les couper en tranches épaisses.

✓ Verser le beurre fondu dans un bol, en en laissant un peu au fond du moule.

✓ Remettre le moule sur le feu avec 2 cuil. à soupe de sucre en poudre. Quand il commence à blondir, poser les lamelles de poires et les cuire 10 min en les retournant.

✓ Pendant ce temps, dans un saladier, fouetter vivement les œufs entiers avec 2 cuil. à soupe de sucre en poudre et le sucre vanillé. En fouettant toujours, ajouter la farine, le beurre fondu et la pincée de sel. Hors du feu, verser la pâte sur les poires.

✓ Cuire au four pendant 25 min.

✓ Servir tiède poudrée d'1 cuil. à soupe de sucre.

♦ **Ou alors.** Remplacer les poires par d'autres fruits : pommes (reinettes, boskoop), figues, raisins… ♦ **Astuce.** Plus rapide. On peut aussi tout cuisiner dans une poêle et cuire l'ensemble sur le feu comme une grosse crêpe ou une omelette (sans farine).

Prépa **3'**

Cuisson **00'**

Fromage blanc au miel

Dessert courant au Maroc, sa préparation est rapide comme l'éclair.

Pour 6 personnes

Ingrédients
600 g de fromage blanc
à 40 %
6 bonnes cuil. à soupe
de miel d'acacia

✓ Démouler grossièrement le fromage blanc dans un petit plat creux et l'arroser inégalement de miel. Le couvrir de film alimentaire et le glisser au frigo en attendant de le déguster.

♦ **Ou alors.** Enrichir d'1 poignée d'amandes effilées ou de pignons légèrement grillés à sec dans une petite poêle à revêtement antiadhésif. Au fromage blanc lisse, on peut préférer faisselle, brousse ou brocciu, ricotta, cottage cheese, petits-suisses ou fromage de chèvre frais. Une confiture aux griottes peut remplacer le miel. ♦ **Marché.** Si l'on a la chance d'avoir une crémerie proposant du fromage blanc à la louche, ne pas hésiter. Ils est frais, ultra-frais, sans produits chimiques mais se conserve peu de temps. ♦ **Minceur.** Choisir des fromages à 20 % de matières grasses. ♦ **Déco.** Préférer une présentation individuelle, si l'on dispose de coupelles.

Fruits frais

**Après un bon repas, ne pas hésiter à servir des fruits nature.
Choisir les plus petits et ceux qui se mangent facilement. Surprenez, en suivant
les saisons. Proposer les premiers arrivages de fruits pour autant qu'ils soient
à pleine maturité. Clémentines, kumquats, litchis, raisins détachés en petits
bouquets, prunes, mirabelles, reines-claudes, tranches de melon, de pastèque,
demi-mangues découpées en cubes, abricots, figues, fruits rouges... Assortir de
fruits secs, dattes et noix. À l'automne, noix et noisettes fraîches. Au début
de l'été, amandes fraîches... Couvrir la table de jolis raviers ou corbeilles.
À moins de les accommoder en salade.**

Prépa 15'
Cuisson 00'

Pour 6 personnes

Ingrédients
10 oranges + 1 orange (jus)
120 g de sucre glace

Salade d'oranges

✓ Presser 1 orange dans un bol et y dissoudre le sucre. Le sucre glace donne une consistance sirupeuse au jus.

✓ À l'aide d'un couteau bien tranchant, peler à vif (en entamant à peine la peau) les oranges. Couper des tranches dans l'autre sens. Les poser au fur et à mesure dans un plat creux de service.

✓ Verser le jus, recouvrir d'un film alimentaire et glisser au frigo jusqu'au moment de servir.

♦ **Ou alors.** Relever de quelques feuilles de menthe fraîche ciselées éparpillées sur la salade. Ajouter 1 cuil. à soupe de cannelle en poudre dans le jus. Parfumer d'eau de fleur d'oranger, de zestes d'orange confits... ♦ **Marché.** Les oranges doivent être juteuses et pas trop sucrées. Profiter de la saison des maltaises de Tunisie les premiers mois de l'année, elles sont pour moi les meilleures. ♦ **Déco.** Hors maltaises, amusez-vous à mélanger oranges navel à chair orange pâle à des sanguines à chair orange foncé striée de rouge.

Salade d'agrumes

Un mélange d'agrumes à la place des oranges.

Ingrédients : 4 oranges, 3 pamplemousses, 2 citrons verts, 1 citron jaune, 6 cuil. à soupe de sirop de sucre de canne.

Presser 1 orange, 1 citron jaune, 1 citron vert et y délayer le sirop de canne.

Peler à vif les autres fruits et les couper en tranches. Les poser dans un plat creux de service au fur et à mesure qu'on les coupe et les arroser du jus.

Salade de fruits rouges

Ingrédients : 1 barquette de fraises, 1 barquette de groseilles, 1 ou 2 barquettes de framboises, 2 barquettes de fraises des bois, 1 citron (jus), sucre en poudre.

Laver les fraises avec leurs queues dans une passoire posée sous un robinet d'eau froide. Bien les égoutter, les équeuter et couper en deux les plus grosses. Égrapper les groseilles.

Mettre tous les fruits dans un saladier. Réserver au frigo.

Presser le citron et dissoudre le sucre dans le jus. Au moment de servir, verser ce jus et mélanger délicatement.

À déguster nature ou accompagné de fromage blanc ou d'une glace vanille.

♦ **Ou alors.** Qui peut le plus peut le moins, à défaut de 4 fruits on peut n'en servir que 2 ou 3 selon le marché, on peut également ajouter des groseilles à maquereaux, des myrtilles. Remplacer le jus de citron par du jus d'orange. Salade de fraises seules. Nature avec du sucre et... du poivre (elles prennent un goût de fraises des bois) ou... 1 filet de vinaigre balsamique ou de vin vieux. ♦ **Astuce.** Achetées bien fraîches et apprêtées le jour même, framboises, fraises des bois et groseilles n'ont pas besoin d'être rincées sous peine de s'écrouler. On ne retire les queues des fraises qu'après les avoir lavées et égouttées sinon elles se gorgent d'eau. On peut poser les fraises sur du papier absorbant pour mieux les égoutter.

Salade fraises/bananes

Ingrédients : 500 g de fraises, 3 bananes, 1 orange ou 1 citron, 60 g de sucre glace.

Rincer les fraises dans une passoire sur pieds. Pendant qu'elles égouttent, presser 1 citron ou 1 orange au-dessus d'un saladier, mélanger avec du sucre glace.

Peler et couper les bananes dans le jus. Équeuter les fraises. Les ajouter dans le saladier en coupant les plus grosses en deux ou quatre. Bien mélanger et réserver au frais.

Salade fraises/oranges
Ingrédients : 4 oranges, 500 g de fraises, 60 g de sucre glace, 15 feuilles de menthe ou de basilic.

Rincer 3 oranges sous l'eau chaude et les essuyer au torchon. Les couper en tranches très fines avec leur peau. Chaque tranche est coupée en deux puis en petits éventails.

Dissoudre le sucre glace dans le jus d'1 orange et verser sur les éventails.

Rincer les fraises avec leur queue dans une passoire sur pieds. Les égoutter puis les équeuter. Les émincer dans la longueur. Les ajouter aux oranges.

Rincer, sécher puis ciseler le basilic ou la menthe. Ajouter aux fruits, mélanger le tout.

Couvrir d'un film alimentaire et laisser en attente au frigo.

Pêches au coulis de framboise
Ingrédients : 12 pêches, 300 g de framboises, 4 cuil. à soupe de sucre en poudre, 1 citron (jus).

Plonger les pêches 30 s dans de l'eau bouillante, puis les peler. Effectuer cette opération au-dessus d'un saladier, afin de ne pas perdre une goutte de jus, les découper en quartiers de 1 cm en tournant autour du noyau.

Sans les laver, passer les framboises au mixeur avec le sucre en poudre et le jus du citron. Verser ce coulis sur les pêches, couvrir et réserver au frigo.

♦ **Ou alors.** Aux framboises, on peut préférer des fraises ou un mélange des deux. Augmenter la quantité de fruits rouges, diminuer celle du jus de citron et ciseler quelques feuilles de menthe. ♦ **Marché.** Il existe des coulis tout prêts aux rayons épicerie, produits frais, et surgelés ou utiliser des framboises brisées surgelées.

Salade melons/framboises
Ingrédients : 2 melons, 2 barquettes de framboises, 1 orange (jus).

Peler et couper les melons en dés.

Mélanger délicatement les dés de melon et les framboises au jus d'orange.

♦ **Ou alors.** On réalise un coulis avec la moitié des framboises que l'on mélange aux dés de melon et au reste de framboises entières. Avec ou sans menthe.

Salade mangues/coulis de mangue
Ingrédients : 4 à 6 mangues, 6 à 8 cm de gingembre frais.

Éplucher les mangues et couper de longues tranches en tournant autour du noyau sans l'atteindre. Récupérer la chair qui colle au noyau et la réduire en coulis en la passant au mixeur. Peler et râper finement le gingembre frais au-dessus du coulis, puis le verser sur les tranches de mangues.

DESSERTS

Salade de fruits exotiques

Entre soupe et salade de fruits.

Ingrédients : 1 petit ananas, 2 bananes (facultatif), 3 fruits de la passion, 1 mangue, 1 papaye, 1 petite boîte de litchis, 1 citron vert (jus), 6 cuil. à soupe de sirop de sucre de canne, rhum et/ou gingembre frais râpé.

Égoutter les litchis. Couper tous les fruits en cubes ou en morceaux de taille égale.

Presser le citron vert et le mélanger au sirop de sucre de canne. En arroser les fruits.

Parfumer de rhum et/ou de gingembre frais râpé. (Pour aller plus vite, utiliser de l'ananas en boîte.)

Prépa 8'
Cuisson 5'

Pêches poêlées

Ce dessert minute se réalise avec des pêches ou d'autres fruits frais qui supportent d'être poêlés (abricots, pommes, poires, bananes, figues...). Hors-saison, ou pour aller encore plus vite, on peut utiliser des fruits en conserve au sirop que l'on aura préalablement égouttés avant de les poêler. Servir accompagné d'une boule de glace et/ou d'un coulis de fruit, de crème fraîche ou de fromage blanc. Le raffinement viendra de la bonne association entre le fruit et le parfum de la glace et/ou du coulis. Préférer les sorbets en été et les glaces en hiver ou présenter un choix des deux.

Pour 6 personnes

Ingrédients
8 belles pêches
90 g de beurre
90 g de sirop d'érable

✓ Peler les pêches, retirer les noyaux et les couper en tranches épaisses.

✓ Utiliser une ou plusieurs poêles à revêtement antiadhésif. Les tranches ne doivent pas se chevaucher. Répartir le beurre dans la ou les poêle(s), le faire fondre et y rissoler doucement les tranches de pêches en les retournant. Quand elles sont cuites et dorées, arroser de sirop d'érable. Celui-ci va légèrement caraméliser, retourner les tranches pour bien les enrober de caramel.

✓ Servir aussitôt.

♦ **Ou alors.** Sans beurre, verser le sirop d'érable dans la poêle et cuire les fruits doucement dans le sirop. On peut ajouter du sucre vanillé, de la cannelle. Remplacer avantageusement le beurre doux par du beurre salé ; le sirop d'érable par de la cassonade ou du miel. Utiliser pêches, poires et abricots au sirop. Bien les égoutter et les rissoler moins longtemps.

♦ **Astuce.** Préparés à l'avance, ces fruits pourront être tiédis au micro-ondes. Pour peler les pêches en un rien de temps, comme pour des tomates, les plonger dans de l'eau bouillante puis les passer sous un robinet d'eau froide. La peau part toute seule. ♦ **Idéal avec.** Pêches : sorbet à la framboise, fruits rouges nature ou coulis de fruit rouge. Abricots : glace aux amandes, aux calissons, aux pignons, au miel ou à la pistache ou un sorbet aux fruits rouges. Ou fruits rouges nature et coulis de fruit rouge. Bananes : zeste de citron vert, glace vanille. Pommes : glace vanille ou caramel, granité au calvados ou sauce caramel. (Plus rapide, émincer les pommes sans les éplucher. Mais penser à les rincer avant.) Poires : glace aux amandes, sauce caramel ou sauce chocolat. En saison, penser aux reines-claudes, mirabelles, figues, gros raisin blanc... ou aussi à de l'ananas épluché et coupé en tranches recoupées en éventail.

Prépa 8'
Cuisson 30'

Pommes au four

L'exemple classique du fruit rôti.

Pour 6 personnes

Ingrédients
6 pommes reinettes
100 g de beurre + 20 g
    (moule)
6 cuil. à café de sucre
    en poudre
1 cuil. à soupe de cannelle
    en poudre

✓ Préchauffer le four à 200 °C, th. 6/7.
✓ Sortir le beurre. Beurrer le plat de cuisson.
✓ Rincer les pommes et les essuyer. Creuser le centre à l'aide d'un vide-pommes, pour enlever queue et trognon.
✓ Écraser le beurre avec la cannelle et le sucre.
✓ Disposer les pommes dans le moule. Répartir le mélange au beurre dans le creux de chaque pomme.
✓ Glisser au four pour 30 min.
✓ Servir chaud.

♦ **Astuce.** Pour éviter que les pommes éclatent pendant la cuisson, inciser leur peau sur tout le pourtour au sommet de la pomme, sans entamer la chair, et tracer un cercle. Choisir un joli plat de cuisson pouvant passer à table. ♦ **Ou alors.** On ajoute des raisins dans le trou des pommes et on remplace le sucre par de la cassonade. Pommes, bien sûr, mais aussi poires, pêches, abricots, figues... rôtis au four tels quels ou en papillote. Selon les fruits et leur grosseur, ceux-ci vont cuire environ 5 min en papillote, 8 à 10 min sous le gril du four ou 15 à 20 min à four moyen préchauffé. Choisir un plat où les fruits ou les demi-fruits seront bien serrés sans se chevaucher. Le beurrer, le poudrer de sucre, y ranger les fruits, repoudrer de sucre et disposer quelques noisettes de beurre avant d'enfourner. On utilisera, sucre en poudre, cassonade, miel ou sirop d'érable que l'on pourra parfumer de sucre vanillé, de vanille, de cannelle... On remplacera le beurre doux par du beurre salé. Garnir de fruits rouges crus. Exemple : pêches rôties aux framboises. Ou présenter avec une boule de glace.

Fruits en papillote

On épluche, on émince, on prépare les papillotes et leur assaisonnement, le temps de pré-chauffer le four. La cuisson est rapide comme l'éclair. On peut les préparer à l'avance et les enfourner 5 min avant de les déguster.

Prévoir 1 beau fruit par personne ou l'équivalent.

Préparation : 10 min.

Préchauffer le four à 240 °C, th. 8. Tapisser le centre d'une feuille de papier sulfurisé de beurre fondu (au micro-ondes) à l'aide d'un pinceau. Poser les lamelles de fruits, poudrer de sucre, poser 1 noisette de beurre, fermer les papillotes et enfourner pour 5 min.

Poser un pot de crème fraîche sur la table, ou servir avec une boule de glace.

♦ **Ou alors.** Proposer un mélange de fruits. Parfumer de zeste d'orange ou de citron, de cannelle en poudre, de badiane ou anis étoilé. Sucrer avec de la cassonade et du sucre vanillé, éparpiller des amandes effilées ou des pignons grillés ou des pistaches, des raisins secs. Remplacer le beurre par du beurre salé... Temps de cuisson : pommes : 5 min ; poires : 4 min ; bananes : 3 min (plus longtemps, elles s'écrouleraient. Ne pas les choisir trop mûres).

♦ **Astuce.** Voir la technique de la papillote (p. 171).

Prépa 10'
Cuisson 25'

Gâteau à la noix de coco

**Pour les amateurs de noix de coco ce gâteau, à l'allure de flan,
terminera agréablement un dîner plutôt exotique.
Dans la mesure où il est très goûteux, assez riche et dense,
mieux vaut le présenter découpé en cubes que l'on déguste
à la bouchée, comme des mignardises.**

Pour 8 à 10 personnes

Ingrédients
10 œufs (8 jaunes +
   2 œufs entiers)
130 g de beurre + 20 g
   (moule)
200 g de noix de coco
   râpée
125 g de lait de coco
200 g de sucre en poudre
   + 10 g (moule)

✓ Préchauffer le four à 200 °C, th. 6/7.
✓ Faire fondre le beurre 1 min au micro-ondes sur position
décongélation.
✓ Beurrer un moule à manqué et le poudrer de 10 g de sucre.
✓ Battre les 8 jaunes avec le sucre jusqu'à ce que le mélange
blanchisse. Ajouter la noix de coco râpée, les œufs entiers puis
le lait de coco. Bien mélanger et finir par le beurre fondu.
✓ Verser cette préparation dans le moule. Poser ce moule dans
un moule plus grand dans lequel on a versé un fond d'eau tiède.
Glisser l'ensemble au four et cuire 25 min au bain-marie.
✓ Une fois refroidi, découper le gâteau en carrés et les poser
dans un joli plat de service. Accompagner éventuellement d'une
glace ou mieux d'un sorbet coco.

♦ **Marché.** On trouve ces ingrédients à base de noix de coco
dans toutes les grandes surfaces. La noix de coco râpée au rayon
pâtisserie, présentée en sachet comme les raisins secs, la
poudre d'amande... et le lait de coco au rayon exotique.

Prépa 6'
Cuisson 20'

Gâteau au chocolat
de tante Jacqueline

**Ce gâteau est si facile que des enfants peuvent le réaliser :
pas de blancs d'œufs à monter en neige, pas de « coup de main » particulier.**

Pour 6 personnes

Ingrédients
200 g de chocolat noir
   à cuire
4 œufs
200 g de beurre + 20 g
   (moule)
1 cuil. à café de café soluble
150 g de sucre en poudre
4 cuil. à soupe rases de
   farine (40 g)
1/2 sachet de levure
   chimique
1 pincée de sel

✓ Préchauffer le four à 200 °C, th. 6/7.
✓ Sortir le beurre, le couper en lamelles. Beurrer un moule pouvant passer à table.
✓ Casser le chocolat en morceaux dans un bol, ajouter 2 cuil. à soupe d'eau. Faire fondre 2 min au micro-ondes sur position minimum. Au bout d'1 min, on mélange et on remet dans le four pour 1 min.
✓ Ajouter les lamelles de beurre dans le chocolat fondu. La chaleur doit faire fondre le beurre. Si ce n'est pas tout à fait le cas, repasser 30 s au micro-ondes sur position décongélation. Parfumer avec le café soluble. Mélanger.
✓ Pendant ce temps, casser 4 œufs dans un saladier et y ajouter le sucre en poudre. Battre le mélange jusqu'à ce que le sucre ait fondu et y ajouter, avec sel et levure, la farine, cuillerée après cuillerée en mélangeant bien.
✓ Mêler les deux préparations et verser le tout dans le moule beurré en s'aidant d'une spatule.
✓ Enfourner pour 20 min. Le gâteau est cuit lorsqu'une lame de couteau glissée en son centre ressort un peu « sale ».
✓ Laisser refroidir le gâteau et le présenter dans son moule.

♦ **Ou alors.** Remplacer le café par le zeste d'1/2 orange râpée. Ajouter à la préparation des noix grossièrement concassées. Si l'on est « très chocolat », on peut glacer le gâteau... au chocolat. Faire fondre à nouveau au micro-ondes 100 g de chocolat noir et 50 g de beurre dans 3 cuil. à soupe d'eau. Recouvrir le gâteau cuit et démoulé de ce mélange en l'étalant à l'aide d'une lame plate et en essuyant les « bavures » au papier absorbant. On peut aussi parsemer le glaçage d'amandes concassées ou effilées et grillées à sec dans une poêle à revêtement antiadhésif. ◆ **Déco.** On peut utiliser un moule carré ou en forme de cœur, le gâteau est plus joli. ◆ **Astuce.** Pendant la cuisson, si le dessus du gâteau paraît assez cuit alors que l'intérieur ne l'est pas encore, couvrir la préparation d'une feuille de papier alu pour qu'il ne brûle pas.

Fondant de Marie

Marie la douce, à la belle peau laiteuse, est la fille de mon amie Danièle, laquelle s'ennuie à mourir dès qu'elle se trouve dans une cuisine.

Ingrédients : 300 g de chocolat, 200 g de beurre, 200 g de sucre en poudre, 6 œufs, 6 cuil. à soupe rases de farine, 1 pincée de sel.

Procéder de la même manière que précédemment mais séparer les blancs des jaunes et monter les blancs en neige. Mélanger le tout. Cuire 45 min au four à 170°C, th. 5/6.

Prépa 5'
Cuisson 35'

Gâteau aux pommes
d'Erwan

Erwan, c'est le fils d'une copine qui le jour d'un anniversaire surprise lui avait préparé ce gâteau simple et très moelleux. Je suis toujours émue à l'idée d'un fils qui cuisine pour sa mère. Gâteau rustique à retenir pour un brunch ou à l'heure du thé.

Pour 6 personnes

Ingrédients
20 g de beurre (moule)

Première préparation :
4 ou 5 pommes à cuire
5 cuil. à soupe de farine
1/2 sachet de levure chimique
4 cuil. à soupe de sucre en poudre
3 cuil. à soupe de lait
2 cuil. à soupe d'huile d'arachide
1 œuf
1 pincée de sel

Seconde préparation :
80 g de beurre
80 g de sucre en poudre
1 œuf

✓ Préchauffer le four à 200 °C, th. 6/7.

✓ Beurrer un moule à manqué pouvant passer à table.

✓ Dans un saladier, mélanger tous les ingrédients de la première préparation, œuf, sucre puis farine, levure, huile, lait et sel.

✓ Peler les pommes, les couper grossièrement et les ajouter au mélange. Verser cette première préparation dans le moule et enfourner pour 25 min.

✓ Pendant ce temps, faire fondre les 80 g de beurre au micro-ondes dans un bol moyen (30 s, position décongélation). Ajouter le sucre et l'œuf, bien mélanger. Verser sur le gâteau et remettre au four 10 min.

✓ Servir tiède.

♦ **Ou alors.** On peut utiliser des poires ou un mélange de fruits en respectant les proportions.

Prépa 3'
Cuisson 00'

Îles blanches
de Danièle

**Joli à regarder, frais et réalisé en un tournemain.
Effet garanti. Merci Danièle.**

Pour 6 personnes

Ingrédients
6 faisselles de 100 g
20 cl de crème liquide
1 grosse barquette de fruits
  rouges mélangés

✓ Ouvrir les petits moules de faisselle en les laissant égoutter un peu.

✓ Les retourner dans un plat creux. Arroser de crème liquide et décorer des fruits.

✓ Couvrir de film alimentaire et laisser en attente au frigo.

✓ Déguster frais, le sucrier est sur la table, chacun se servira.

◆ **Marché.** La faisselle se présente en petits moules individuels (c'est plus joli) ou à défaut en pot de 500 g. ◆ **Minceur.** Fromage et crème sont plus savoureux entiers, il en existe cependant des versions allégées. Autant une crème liquide à 15 % de matières grasses suffit largement, autant la faisselle n'est bonne qu'entière, sans quoi ce dessert des plus rapides et savoureux perd de son intérêt. ◆ **Ou alors.** On utilise des fruits seuls ou mélangés, que l'on trouve surtout aux beaux jours : groseilles, mûres, framboises, fraises des bois ou petites fraises mira, myrtilles, le choix est vaste. ◆ **Astuce.** Nul besoin de rincer ou de manipuler ces fruits, à condition d'être de la première fraîcheur.

Prépa 10'
Cuisson 30'

Miroir à l'orange
de Françoise

Les quantités semblent bizarres. Elles correspondent à un petit gâteau pas très épais mais à la saveur très corsée qui suffit largement pour 6 personnes. Si l'on est nombreux, doubler les quantités, mais faire 2 gâteaux pour qu'ils aient la même allure.

Pour 6 personnes

Ingrédients
115 g de beurre + 20 g (moule)
115 g de sucre en poudre
115 g de farine + 1 cuil. à soupe (moule)
1 cuil. à café de levure chimique
2 œufs
1 orange
1 pincée de sel
Glaçage :
115 g de sucre glace
1 orange

✓ Sortir le beurre à l'avance. Préchauffer le four à 180 °C, th. 6.

✓ Beurrer un petit moule à manqué (Ø 24 cm), et le fariner.

✓ Râper le zeste de l'orange (côté petits trous de le râpe) et réserver. Presser cette orange.

✓ Dans un petit saladier, travailler le beurre à la fourchette pour le ramollir, ajouter le sucre petit à petit en continuant de travailler le mélange. Incorporer les œufs un à un sans cesser de remuer. Tamiser farine et levure au-dessus du saladier, mélanger et finir par la pincée de sel, le zeste et le jus d'orange.

✓ Verser dans le moule et enfourner pour 30 min.

✓ Pendant ce temps, presser l'autre orange et dissoudre le sucre glace dans son jus. On obtient un sirop épais.

✓ Laisser légèrement tiédir le gâteau et le démouler en le retournant dans le plat de service. L'arroser du sirop. Récupérer le sirop sur les côtés et le reverser au centre du gâteau jusqu'à ce que celui-ci l'ait totalement absorbé.

✓ Laisser refroidir et recouvrir de papier alu ou de film alimentaire sans que celui-ci effleure la surface. Laisser en attente dans un endroit frais ou au frigo. La surface glacée par le sirop fait miroir.

♦ **Astuce.** Pour un démoulage plus sûr, choisir un moule à revêtement antiadhésif ou tapisser le fond du moule de papier sulfurisé à beurrer lui aussi.

Prépa 10'
Cuisson 5'

Panacotta
au coulis de framboise

Pour 6 personnes

Préparation 10 min,
   prévoir 1 heure de pause
   au frigo

Ingrédients

1 grosse barquette de
   framboises
60 cl de crème liquide
100 g de sucre en poudre
2 cuil. à soupe de sucre
   glace
1/2 cuil. à café de vanille
   en poudre
2 gouttes d'extrait
   d'amande amère
4 feuilles de gélatine

La panacotta :

✓ Tremper les feuilles de gélatine dans un bol d'eau froide pour les ramollir.

✓ Dans une casserole posée sur feu moyen, verser la crème, le sucre et la vanille en poudre. Maintenir à petite ébullition pendant 5 à 6 min.

✓ Éteindre, ajouter l'extrait d'amande amère et la gélatine que l'on a bien pressée entre les mains pour l'égoutter au maximum. Remuer jusqu'à ce que la gélatine ait fondu.

✓ Verser dans un saladier en verre. Laisser un peu refroidir, couvrir d'un film alimentaire et laisser « prendre » au frigo au moins 1 heure (le temps de préparer le reste et de dîner).

Le coulis :

✓ Verser framboises et sucre glace dans le mixeur. Faire tourner quelques secondes, le coulis est prêt.

✓ Au moment de servir, tremper le fond du saladier dans de l'eau très chaude et démouler la panacotta sur un plat creux de service. Ceindre ce dôme blanc de coulis et déguster.

♦ **Déco.** Verser la préparation encore liquide dans un moule à baba ou dans des ramequins individuels. ♦ **Minceur.** Utiliser de la crème à 15 % de matières grasses. ♦ **Marché.** Pour le coulis, utiliser des framboises brisées surgelées. Mais on trouve aussi du coulis tout prêt.

Prépa 5'
Cuisson 30'

Pâte à tarte maison

Nombreux sont ceux qui sont encore terrorisés à l'idée de confectionner une pâte à tarte maison. Pourtant rien n'est plus facile et rapide. Alors, faites-nous confiance et lancez-vous.

Pour un grand moule à tarte

Ingrédients

175 g de beurre + 20 g (moule)
250 g de farine
5 cuil. à soupe rases de sucre en poudre (75 g)
1 pincée de sel
3 cuil. à soupe d'eau

✓ Sortir le beurre à l'avance et préchauffer le four à 210 °C, th. 7.
✓ Beurrer un moule à tarte pouvant passer à table.
✓ Dans un saladier, mélanger d'abord les éléments secs, sucre, farine et pincée de sel. Ajouter le beurre ramolli coupé en copeaux et amalgamer le tout rapidement et délicatement du bout des doigts. Verser l'eau à la toute fin.
✓ Étaler cette pâte à la main directement dans le moule. Bien contrôler que l'épaisseur est la même partout. On a tendance a en laisser un peu trop entre les bords et le fond. La piquer à la fourchette.
✓ Glisser le plat 5 min au congélateur. Ainsi la pâte, raidie par le froid, ne se rétractera pas à la cuisson. La recouvrir de papier sulfurisé puis de haricots de cuisson et la cuire 10 min « à blanc ». Poser les fruits à cuire. Ou bien cuire complètement la pâte (30 min) si les fruits restent crus.

♦ **Ou alors.** Ajouter 50 g de poudre d'amande à la pâte.
♦ **Astuce.** Le secret, un beurre bien ramolli pour que la manipulation soit la plus rapide possible, garant de la friabilité de la pâte. Et, contrairement à ce qu'affirment la plupart des livres, un poids de beurre un peu plus élevé que la moitié du poids de farine. La pincée de sel pour que la pâte ne soit pas fade. Un peu de sucre, le creux de la main rempli d'eau pour amalgamer l'ensemble et c'est tout. Utiliser un moule pouvant passer à table, la tarte sera découpée dans son moule. On évitera le stress du démoulage et le risque de la briser en mille morceaux. À moins d'utiliser un moule dont le fond est amovible.

Prépa 8'
Cuisson 30'

Tarte aux amandes

Pour 6 personnes

Ingrédients
1 pâte pré-étalée
   « pur beurre » ou pâte
   maison (p. 272)
2 gros œufs ou 3 petits
100 g de beurre
100 g de sucre glace
100 g de poudre d'amande
50 g d'amandes effilées
1 cuil. à soupe de rhum

✓ Pendant que la pâte maison (voir p. 272) ou achetée toute prête cuit à blanc (10 min), préparer la garniture.

✓ Dans un petit saladier, bien écraser le beurre à la fourchette et le travailler avec le sucre. Quand on obtient une consistance de pommade homogène, verser la poudre d'amande, bien mélanger et ajouter les œufs un à un, puis le rhum.

✓ Remplir le fond de pâte de cette préparation et remettre au four pour 20 min. À mi-cuisson, éparpiller les amandes sur la surface et continuer la cuisson.

♦ **Ou alors.** Si l'on n'apprécie pas le rhum, le remplacer par un autre alcool. Choisir des pignons à la place des amandes effilées.

Prépa 8'
Cuisson 30'

Tarte à la banane
de Dominique

Pour 6 personnes

Ingrédients
1 pâte feuilletée pré-étalée
« pur beurre »
7 bananes
1 sachet de sucre vanillé
2 ou 3 pincées de cannelle
50 g de beurre (moule et
noisettes)
Confiture d'abricots

✓ Préchauffer le four à 180 °C, th. 6.
✓ Beurrer un grand moule à tarte et réserver le reste de beurre.
✓ Étaler la pâte et la piquer ça et là à la fourchette.
✓ Éplucher les bananes et les trancher en biais. Les poser sur la pâte en les faisant se chevaucher. Poudrer de sucre vanillé et de cannelle. Ajouter le beurre restant en noisettes.
✓ Enfourner pour 25 min. Puis laisser la tarte dorer 5 min dans le four sur position gril.
✓ Sortir la tarte du four et la laquer de confiture d'abricots à l'aide d'un pinceau.
✓ Déguster tiède.

♦ **Marché.** Préférer les toutes petites bananes, elles ont plus de goût. Adapter les quantités (un peu plus du double). Une confiture ordinaire plutôt liquide fera très bien l'affaire.

Tarte aux figues
et aux amandes

Pour 6 personnes

Préparation pendant
la cuisson à blanc

Ingrédients

1 pâte pré-étalée
« pur beurre » ou pâte
maison (p. 272)

La garniture :
20 figues
100 g d'amandes effilées
2 cuil. à soupe rases de
sucre en poudre (30 g)

✓ Pendant la cuisson à blanc de la pâte (voir p. 272), rincer, sécher les figues et les couper en quatre de la partie pointue vers la base sans aller jusqu'au bout. Elles sont ouvertes comme des fleurs.

✓ Quand la pâte est cuite, la sortir du four et y poser les figues, pointes vers le haut. Parsemer d'amandes effilées, puis de sucre et remettre le moule 8 min sous le gril.

✓ Servir tiède dans son plat.

♦ **Ou alors.** Remplacer les amandes par des noix concassées. Ajouter 50 g de poudre d'amande dans la pâte. Et poudrer la tarte de sucre mélangé à de la cannelle. ♦ **Astuce.** Pendant que la pâte cuit complètement, faire fondre un morceau de beurre dans une poêle à revêtement antiadhésif, et y rissoler les figues (entières ou coupées en deux). Quand elles ont doré, poudrer de sucre en poudre, sucre vanillé ou cassonade. Le sucre va fondre et légèrement caraméliser. Retourner les figues pour bien les enrober. Les poser bien serrées sur la pâte cuite et repasser 5 min au four.

Variations

Tarte aux pommes de Maryse
Préparation : 10 min, cuisson : 45 min au four à 210 °C, th. 7.

On était déjà conquis par sa voix, elle a continué de nous épater avec une tarte aussi simple que sublime. Au fond, une pâte sablée « pur beurre » de chez Picard surgelés (sans cuisson préalable à blanc). Dedans, des pommes granny smith qu'elle a eu la bonne idée de couper à la mandoline c'est-à-dire en tranches si fines qu'elles en sont presque transparentes. Elle superpose 3 couches de ces fines rondelles en rosace, poudre de sucre brun pour la couleur et ajoute quelques noix de beurre pour le moelleux.

→

◆ **Ou alors.** Avec des poires en lamelles plus épaisses. On peut également couper les fruits en quartiers plus gros, en les posant côté bombé vers le haut. Servir avec de la crème fraîche ou de la glace vanille. Parfumer ces tartes d'un peu de cannelle en poudre. Pour toutes ces préparations, on peut utiliser du beurre salé. ◆ **Astuce.** Si on utilise des petits fruits d'été dénoyautés et coupés en deux (prunes, abricots…), les poser côté peau, afin d'éviter que leur eau ne détrempe la pâte. Certains fruits, en particulier les fruits rouges, ne doivent surtout pas cuire, la pâte sera donc cuite 20 à 30 min avant d'y poser les fruits. Poudrer ensuite de sucre glace. ◆ **Déco.** On peut disposer des cercles de différents fruits en alternant les couleurs, des plus grands aux plus petits : prunes, reines-claudes, mirabelles ou grains de raisins.

Tarte à la confiture

Cuire complètement la pâte puis verser un pot de confiture de son choix.

Ou bien étaler la pâte un peu plus finement. Le surplus est coupé en lanières à l'aide d'une roulette. Garnir la pâte crue de confiture, poser les lanières dessus en les croisant et cuire 30 min au four.

Les confitures de fruits rouges à grains conviennent particulièrement bien à cette recette : framboises, fraises, mûres, figues…

Prépa 10'
Cuisson 40'

Tarte aux noix

Pour 6 personnes

Préparation pendant
la cuisson

Ingrédients
1 pâte brisée pré-étalée
« pur beurre »
100 g de cerneaux de noix
25 cl de crème liquide
2 œufs
20 g de beurre
(moule)
125 g de sucre en poudre
1 pincée de sel

✓ Préchauffer le four à 210 °C, th. 7.
✓ Pendant ce temps, beurrer un moule à tarte. Étaler la pâte dans le moule, la piquer régulièrement à l'aide d'une fourchette. Couvrir d'une feuille de papier sulfurisé sur laquelle on pose quelques noyaux de cuisson et cuire à blanc 10 min au four.
✓ Mixer les noix pour les réduire en poudre. Vider la cuve du mixeur et y verser crème, œufs, sucre et sel. Mixer jusqu'à ce que le mélange devienne homogène, puis mélanger à la poudre de noix.
✓ Verser cette préparation sur le fond de tarte et enfourner pour 30 min.

♦ **Déco.** Avant de cuire la tarte, enfoncer légèrement quelques cerneaux de noix çà et là sur la surface.

Index des recettes

Un grand merci à celles et ceux qui ont suggéré, aidé, patienté

Bernard, Mathilde et Roger, Muriel R. dite Mumu, Marinette L., Bruno, Nicolas S., Anne-Marie D., Sylvana T., Benjamin M. dit Ben, Marco L., Macha M., Laeticia H., Babeth M., Monique D., Pierre A., Madyl G., Emmanuel M. dit Manu, Evelyne B. dite Lino, Léa D., Pascale, Colette, tante Jacqueline, Marie B., Erwan G., Danièle T., Françoise G., Dominique, Maryse G., Véronique de V., et Carine S.

Conception graphique : Dominique Gallet
Adaptation et maquette : Stéphanie Le Bihan
Schémas : Christiane Schaeffer

Photocomposition : I.G.S.-CP - 16340 L'Isle d' Espagnac
impression : Pollina
Achevé d'imprimer : juin 2001

N° d'édition : 19917
N° d'impression : L83878
Dépôt légal : juin 2001